LE PARLEMENTARISME

ET

LE PHILOSOPHISME

RÉVOLUTIONNAIRE

PAR

ATHANASE RENARD

ANCIEN DÉPUTÉ

PRIX : 2 FR.

PARIS

E. DENTU, LIBRAIRE-ÉDITEUR

PALAIS-ROYAL, GALERIE D'ORLÉANS, 17 ET 19

1872

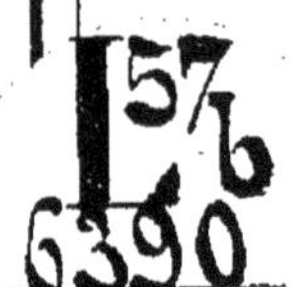

LE PARLEMENTARISME

ET

LE PHILOSOPHISME

RÉVOLUTIONNAIRE

DU MÊME AUTEUR

EN PRÉPARATION ET PRESQUE TERMINÉ

LES PHILOSOPHES ET LA PHILOSOPHIE.

1re partie. — ÉCOLE DE BACON (*Naturalisme ou matérialisme scientifique, athéisme*). — Bacon, Locke, Condillac et ses derniers successeurs, Destutt de Tracy et Laromiguière. — Cabanis. Volney.— L'anatomie et la physiologie dans la philosophie. — Bilan du matérialisme scientifique. — Questions réservées. — Le matérialisme n'est pas français.

2e partie. — ÉCOLE DE DESCARTES (*Idéalisme, spiritualisme, éclectisme, panthéisme*). — Descartes, Cousin, etc.

3e partie. — ÉCOLE DE TOUT LE MONDE, OU PHILOSOPHIE DU SENS COMMUN. — Raison d'être ou légitimité de cette philosophie. — Ses initiateurs et principaux représentants. — Bossuet, les philosophes écossais, Royer-Collard, Cousin, Jouffroy, Lélut, etc. — Voyage philosophique en compagnie de M. Lélut. — Sommaire analytique et critique des matières de la philosophie.

Deux volumes.

LE PARLEMENTARISME

ET

LE PHILOSOPHISME

RÉVOLUTIONNAIRE

PAR

ATHANASE RENARD

ANCIEN DÉPUTÉ

PARIS

E. DENTU, LIBRAIRE-ÉDITEUR

PALAIS-ROYAL, GALERIE D'ORLÉANS, 17 ET 19

1872

AVERTISSEMENT

Bien que les deux écrits contenus dans ce petit volume n'aient pas été conçus ensemble et que les sujets en soient différents, les circonstances les rapprochent tellement qu'il nous a paru bon de ne pas les séparer. Ils ont au moins cela de commun que la même erreur y est combattue. Cette erreur est celle du *rationalisme* auquel on attache une idée de *progrès*.

Le rationalisme est l'orgueil de la raison : celui de notre temps se dit surtout scientifique et se produit lui-même sous la figure d'un nouvel *arbre de la science*, dont il se ferait un abri contre la loi de Dieu.

Nous allons juger de l'arbre par ses fruits, c'est-à-dire *du principe* par *les faits* qui en ont été la conséquence ; et nous pensons que cette espèce de preuve, accessible à tous les esprits, sera contre le rationalisme une arme plus forte que toutes *les raisons* dont il se paye. Nous ne renonçons pas d'ailleurs à lui opposer les nôtres, et nous entendons bien aussi l'aborder sur son propre terrain.

LE

PARLEMENTARISME

ÉTUDE HISTORIQUE ET CRITIQUE

1356-1848

AVANT-PROPOS.

Il y a dix-huit mois que cette étude est terminée. J'ai reculé, je l'avoue, devant sa publication, voyant le gouvernement *parlementaire* acclamé de toutes parts, accepté par le pouvoir lui-même, et craignant d'élever une voix trop dissonante au milieu de ce bel accord; mais les événements qui viennent de s'accomplir, ayant créé pour la France une situation qui peut la conduire à s'interroger sur ses fautes et sur les moyens de s'en relever, notamment sur les institutions les mieux appropriées à ce but, il m'a semblé que ce coup d'œil jeté sur son passé, ne serait pas sans intérêt, peut-être même sans utilité, quelle que soit la forme de gouvernement qu'on adopte. Il y a, en effet, dans toutes les formes de gouvernement, république ou monarchie, des principes communs qui ne peuvent être méconnus sans danger.

La France a essayé de tout, depuis 89, et rien ne lui a réussi jusqu'à présent. La cause de cette instabilité doit être cherchée, moins dans les institutions elles-mêmes que dans les hommes, et particulièrement dans cet esprit d'opposition systématique à tout pouvoir établi qui semblerait être devenu chez nous la condition obligée de toute popularité. Quelles que soient l'origine et les causes de cette disposition qui ressemble à une maladie, le temps ne serait-il pas venu de songer à nous en guérir? On en jugera.

La situation qui nous est faite par la paix désastreuse que nous venons de subir, paix *forcée,* négociée et conseillée par des hommes dont le patriotisme ne peut être suspecté, nous impose avant tout le sacrifice de tout intérêt de parti, de tout système préconçu et arrêté sur la forme du gouvernement qui peut maintenant convenir à la France, après tant d'essais malheureux.

Les dernières élections générales sembleraient annoncer que la France a conservé ses instincts monarchiques; mais la république a été proclamée sur les ruines du second empire qui s'est détruit lui-même; et M. Thiers estime, dans sa haute sagesse, qu'il serait périlleux d'en sortir, et que la France doit au moins essayer de se reconstituer dans cette forme. Il y aurait témérité à le nier. La France, même monarchique, est évidemment malade, et doit être traitée comme telle, avec tous les ménagements voulus. Ce qu'elle demande, dans son délire, est la *décentralisation,* dans une mesure inouïe jusqu'à présent, c'est-à-dire autant d'universités que de doctrines, autant de petits gouvernements que de communes, et peut-être même un gouvernement par individu.

Que faire en cette extrémité? De la médecine expectante, éviter tout moyen perturbateur, et *traiter,* comme on dit, *le symptôme,* au jour le jour, en attendant qu'on puisse aller au fond. Le mal est à son plus haut paroxysme, et doit nécessairement décliner, peut-être assez rapidement, s'il ne nous emporte pas.

M. Thiers assurait, le 21 mai, que l'insurrection de Paris serait bientôt domptée, et que ses chefs ne songeaient plus qu'à fuir. Les faits ont justifié ses prévisions, mais dans des conditions si désastreuses, que le souvenir même des journées de juin 1848 et des hommes qui ont mis cette tache de sang dans notre histoire, après tant d'autres, explique à peine la perversité toujours croissante de leurs survivants. Cette insurrection n'est toutefois qu'un épisode, une phase de notre maladie, mais n'en est pas la fin.

D'où viennent ces hommes qui s'en vont? Ils viennent ou procèdent de ceux qui les chassent, comme les insurgés de juin 1848 venaient des hommes de l'ancien *National* qui, après les avoir excités, soulevés pendant dix-huit ans, s'en défaisaient dans un jour. Il est temps de faire un retour sur nous-mêmes et de chercher sérieusement la cause du mal où elle est. Je viens de le faire, pour ma part, autant que je le pouvais, d'après ce que j'ai vu.

Quant au principe ou à la forme du gouvernement qu'il peut convenir à la France d'adopter, je ne crains pas d'affirmer que, si la république est viable, elle ne le sera qu'avec le concours et la bonne volonté des monarchistes ralliés à l'opinion de M. Thiers, et à la condition d'un grand triage à faire parmi les républicains de la veille, ou soi-disant tels. Les honnêtes gens et les esprits élevés de cette opinion sont les premiers à en convenir; et les événements qui se sont déroulés depuis le 4 septembre, en sont la preuve complète.

On disait autrefois : Donnez-nous la légitimité sans les légitimistes; on serait plus fondé encore à dire aujourd'hui : Donnez-nous la république sans les républicains. Ceci ressemble à une plaisanterie; mais il est fâcheux, pour les républicains dignes de nos respects, qu'elle ait pu être faite sérieusement.

Bourbonne, juin 1871.

LE

PARLEMENTARISME

UN MOT

DES

NOUVEAUX SYSTÈMES HISTORIQUES

EN FORME D'INTRODUCTION.

Il est bien entendu que l'histoire ne s'invente pas et qu'elle repose avant tout sur l'étude et la connaissance des faits. Ses origines sont toutes religieuses; et les peuples n'ont d'abord vécu que de traditions poétisées dans la mémoire des hommes, jusqu'aux temps où l'écriture a pu les conserver. Lès héros, les grands pasteurs des peuples et les poëtes ont précédé les chroniqueurs; mais les souvenirs qui nous sont restés des temps primitifs, ont du moins cela de vrai qu'ils sont l'expression de l'état des mœurs et des esprits. Rien de moins philosophique et de plus faux que de vouloir subordonner ces souvenirs à des systèmes préconçus. Nous ne manquons pas aujourd'hui d'ouvriers de ce genre, aussi bien chez nous que chez nos voisins. Ces doctrinaires, espèce de maçons d'une autre Babel, ont pour drapeau ce qu'ils appellent orgueilleusement *la grande synthèse,* établie sur toutes les fantaisies de l'esprit qui conduisent à toutes les négations. M. Henri Martin, notamment, s'est établi sur le *druidisme,* et ne veut pas que le christianisme nous en ait délivrés. C'est ainsi que l'école a pu nous tenir entre un passé factice et un avenir sans nom, car on sait trop qu'elle cherche à nous dénationaliser de toutes les manières, en nous portant à l'admiration des littératures et des institutions les plus exotiques et qui ont le grand avantage à ses yeux de n'être pas les nôtres.

Le XVIIIe siècle, essentiellement matérialiste, et soi-disant *philanthrope,* a d'abord imaginé le *cosmopolitisme* qui tendait à nous faire amis du genre humain, pour en venir à mieux étouffer en nous l'amour de notre pays; et nous savons à nos dépens que les philosophes de cette époque ont joint très-impudemment la pratique à la théorie.

Notre siècle a vu d'autres philosophes et d'autres historiens. Les philosophes n'ont pas reculé devant *la morale du succès,* les historiens devant l'autorité *des faits accomplis.* Nous sommes en plein *fatalisme ;* et notre université elle-même s'est prosternée devant cette nouvelle idole.

Est-ce le dernier mot de nos réformateurs ou hommes *du progrès?* Non. De plus raffinés encore ont imaginé la doctrine *des races et des milieux* qui explique tout. M. Taine, en particulier, s'est chargé *de faire tenir le monde antique dans le creux de sa main.* C'est le *naturalisme* dans l'histoire, doctrine expéditive, et qui a trouvé d'assez nombreux partisans jusque dans le sein de l'Académie française.

Et c'est ainsi qu'il a été donné au premier normalien venu de pouvoir se ruer dans l'histoire par la porte ouverte à deux battants du plus mauvais philosophisme et des passions politiques du moment, les plus aveugles et les plus outrecuidantes.

On s'est moqué de Le Ragois et du père Loriquet, ce qui est très-bien; mais on a voulu dire et on a dit partout *que l'histoire et la critique étaient nées de nos jours*[1]; on a tenu pour nuls et non avenus les immenses travaux des hommes du passé, d'érudits sérieux et consciencieux, *nationaux* surtout, qui nous ont précédés dans la voie des recherches historiques; on les a même bafoués, ce qui est ridicule, pour ne pas dire ingrat.

Nous nous défions grandement des systèmes sous la couverture desquels on a essayé de substituer certaines divisions arbitraires de notre histoire à celle que l'usage a consacrée. Toute histoire a des commencements obscurs; et si nous nous inquiétons peu de Pharamond et de ses successeurs jusqu'à l'avénement de Clovis qui peut être considéré comme le véritable fondateur de notre monarchie, si nous laissons volontiers placer les rois dits *fainéants* derrière les maires du palais qui ont régné pour eux, nous en respectons la filiation chronologique, en l'honneur du principe qui, pendant quatorze siècles, a été la plus haute expression de notre droit national. Nous conservons les noms de nos rois, tels qu'ils sont passés dans la langue populaire; nous les conservons, sans empêcher qu'on en mette, au bas de la page, les variétés plus ou moins barbares; et nous nous moquons de ceux qui ont eu la prétention de nous imposer celles-ci.

La tradition, c'est-à-dire la grande voix du peuple ou celle des historiens qui ont écrit sous sa dictée, est ici pour nous la voix de Dieu. Les pharisiens de la nouvelle école y useront leurs dents.

1. M. Renan.

La France a été lente à se faire sans doute; elle a eu beaucoup à souffrir du partage héréditaire de la couronne entre les fils de ses premiers rois. Le principe monarchique a eu de la peine à se dégager du régime féodal; mais il était dans la nature des choses qu'il en triomphât, pour un plus grand bien. Nous allons voir comment ce principe a eu encore à lutter contre une autre espèce de féodalité qui s'est elle-même appelée *parlementaire*, essayant ainsi, à la faveur d'un mot spécieux et sous la protection d'un malentendu, de substituer ses prétentions personnelles au véritable esprit de nos institutions.

Cette étude sera pour nous l'occasion de rompre en visière à bien des préjugés, de rectifier bien des erreurs; et nous en considérons le sujet comme le vrai champ de bataille où tous les bons esprits doivent enfin se reconnaître et se rallier contre les plus dangereux ennemis de la France.

J'aurai d'ailleurs à chercher, pour les honnêtes gens de toutes les opinions, les vérités bien établies qui peuvent tendre à les rapprocher. Les vérités *de fait*, en particulier, peuvent avoir un caractère d'autorité qui ne permet pas de les nier ouvertement; mais, soit qu'on les élude ou qu'on les brode, ou qu'on les présente sous un faux jour, elles deviennent bientôt lettre morte; et quant aux vérités *de principe*, il en est peu qui ne soient aujourd'hui perdues dans les fantaisies de l'esprit moderne.

Une de nos plus grandes erreurs actuelles est d'accepter *le nouveau* ou soi-disant tel, comme un signe *de progrès*. Je crois au progrès dans l'ordre des sciences physiques, physiologiques, économiques; mais je ne l'admets pas, au même degré, dans l'ordre des sciences morales et politiques; et je crois même que l'expérience et les leçons du passé nous seraient ici d'un secours plus grand que toutes les nouveautés d'aujourd'hui.

Le parlementarisme, par exemple, est considéré chez nous comme une conquête de 89; on nous le dit dès le collége, peut-être même en nourrice; et la génération actuelle en est si persuadée qu'elle ne veut rien voir au delà. Je suis bien tenté de croire, au contraire, qu'il est aussi vieux que la parole; et peu s'en faut qu'il ne soit à mes yeux notre premier péché. Je n'aurai pas toutefois la témérité de le dire; et comme il faut se borner, je prendrai le parlementarisme aux états généraux du roi Jean, ce qui est déjà bien vieux pour nous.

Je l'avoue donc, en toute humilité : ce n'est pas une *France nouvelle* que j'offre à mes lecteurs; c'est de la vieille France, notre mère, et de nous-mêmes ses enfants d'aujourd'hui, peut-être ingrats, de la vraie France, en un mot, que je viens les entretenir un moment.

LE PARLEMENTARISME

AVANT 1789.

I.

La politique vraiment pratique a ses sources dans l'histoire ou dans la science des faits. Notre histoire, en particulier, doit être d'autant plus féconde en enseignements que la France a concouru plus qu'aucune autre nation du monde aux progrès de la civilisation. Nous devons donc au moins la connaître; et cette étude nous est même d'autant plus commandée que la politique est aujourd'hui, plus que jamais, l'affaire de tout le monde.

Bon conseil, en effet, mais difficile à suivre par bien des raisons, non pas que les études historiques soient négligées de notre temps : loin de là, car on y revient de toutes parts, et jamais les recherches d'érudition n'ont été plus dirigées de ce côté qu'elles le sont aujourd'hui; mais il y a ici de grands préjugés à vaincre, et ce n'est pas de sitôt que le patriotisme vrai pourra en triompher.

Nous n'avons pas reçu d'éducation française, et l'admiration, toute païenne des Grecs et des Romains, qui nous est infligée dès le collége, achèverait d'étouffer en nous le sentiment de notre nationalité, sans les traditions qui en sont la sauvegarde, et si notre histoire, écrite sur le sol et conservée dans l'âme du peuple, à la faveur de quelques grands noms, n'était pas, comme je l'ai dit ailleurs[1], *plus française, heureusement, dans les faits que dans les livres.*

On parle d'instruction; mais tant que cette instruction ne sera pas subordonnée, comme elle doit l'être, au respect de nos traditions, le bien qu'on en attend serait plus illusoire que réel, et notre esprit public ne pourrait que s'y fausser de plus en plus.

La France, considérée dans son histoire et dans l'esprit de ses institutions, dans sa littérature propre, dans les souverains qui l'ont gouvernée et dans ses grandes illustrations, ne le cède à aucune nation du monde antique et moderne. Aucun peuple n'a porté plus haut le sentiment de l'honneur, et n'a payé plus largement les frais d'un dévouement, qui a pu être appelé *chevaleresque*, à tous les grands intérêts de la civilisation. C'est une justice qui lui a toujours été rendue, même par les nations rivales de sa grandeur, et qui ne lui a jamais été refusée que par les *faux Français* qui s'agitent dans son sein.

Les plus grands ennemis de la France, et les plus dangereux surtout, ne sont pas ceux du dehors, mais ceux du dedans. Ce sont les détracteurs de ses institutions, ceux qui renient son passé, ne le font dater que de 89, ou même de 93, et nous le résument dans la Convention, qui proposent à notre admiration les souvenirs surannés des républiques grecque et romaine, établies sur l'esclavage, le règne de la force et le mépris des droits les plus sacrés de l'humanité, tandis que d'autres plus anodins, et par cela même mieux venus dans le monde offi-

1. A propos de Jeanne d'Arc.

ciel et bourgeois, veulent bien se contenter de nous faire une France *à l'anglaise* ou *à l'américaine.*

La plaidoirie politique est entrée dans notre histoire; et ce qu'il y a de plus triste à remarquer, c'est que la France est la seule nation qui se renie elle-même et fasse volontiers litière de ses institutions et de ses plus grands hommes. Un Anglais colporte ses bibles et défend jusqu'à ses plus mauvais rois, même Henri VIII; un Français d'aujourd'hui répudiera surtout les bons, c'est-à-dire ceux qui ont le mieux gardé les traditions de la France et soutenu son honneur.

Exemple : on essaye aujourd'hui de remettre à flot, dans Étienne Marcel, un factieux qui profite de la captivité du roi Jean pour seconder les entreprises des Anglais contre la France et les faire entrer jusque dans Paris, et qui rencontre un complice digne de lui dans un prince ambitieux, déjà souillé de crimes et de trahisons, Charles de Navarre, appelé si justement *le Mauvais.* Voilà ce qu'on en est venu à nous présenter comme un essai malheureusement avorté *du gouvernement parlementaire* en France. Il est bon d'expliquer cela.

Le roi Jean, menacé d'une invasion anglaise, et obligé de soutenir la guerre, avait convoqué les états généraux pour en assurer les subsides; et c'est au début même de cette guerre qu'il perdit la bataille de Poitiers où il fut fait prisonnier. Le dauphin Charles, à peine âgé de vingt ans, était devenu lieutenant général du royaume.

Les états généraux s'étaient réservé le choix des préposés à la levée du nouvel impôt qui devait être exclusivement affecté aux frais de la guerre, et soustrait même à la disposition du roi; mais de même que nous avons vu les états généraux convoqués en 89, à propos d'un déficit et de réformes à introduire dans les institutions du royaume, attaquer ces institutions jusque dans leur principe, et préparer la domination de Robespierre, de même les états généraux du roi Jean, dominés par Marcel, arborent le drapeau de la révolte et remplissent Paris de massacres.

Je ne puis m'étendre beaucoup : ce n'est pas un livre d'histoire que je viens faire ici; je dois m'en tenir aux traits principaux.

La similitude a semblé parfaite à quelques historiens de l'école moderne, abusés par une fausse apparence de progrès à obtenir. On a cru trouver, dans Charles de Navarre, une espèce de branche cadette ou d'Orléans à opposer, pour le bien du pays, à la branche régnante, ennemie supposée de ce progrès. Qu'il y ait là un rapport à établir entre Marcel et Robespierre, entre Charles de Navarre et Philippe d'Orléans, dans la ligue des uns contre Charles V, et des autres contre Louis XVI, je le veux bien; mais qu'on y découvre un progrès, c'est ce qu'il est impossible d'admettre sincèrement. Notre histoire, bien lue, nous donne assurément d'autres leçons que celle-là. Mais il y a ici d'autres éléments de comparaison qui ne doivent pas être négligés : c'est ce que nous allons faire voir.

II.

On considère assez généralement M. Louis Blanc comme l'inventeur des *Ateliers nationaux*. C'est une opinion vulgaire; et soit qu'on lui en fasse un grief, ou bien qu'on l'en glorifie, son nom reste lié au souvenir de cette invention. Je ne suis pas de ceux qui la goûtent; mais la question n'est pas là pour moi. J'ai à dire seulement qu'il n'y a ici rien de neuf, et qu'on n'invente pas grand'chose aujourd'hui en fait de machines de guerre à renverser les gouvernements. Je me rappelle avoir rencontré une brochure intitulée : *Histoire de la révolution française, par une société d'auteurs latins*. Cette brochure, très-curieuse, était faite uniquement de passages extraits de Tite-Live, Tacite, Salluste, etc., combinés de manière à former de petits chapitres assez bien adaptés aux différentes phases de notre révolution. Elle commençait par un petit tableau de prospérité publique, immédiatement suivi de cette simple réflexion : « Il se trouva pourtant des hommes qui voulurent se perdre et perdre l'État lui-même avec eux. » Puis, quelques lignes plus loin : « Qu'allez-vous faire dans vos conciliabules, et qu'en rapportez-vous dans vos foyers, sinon des haines et des ressentiments publics et particuliers? » Je cite de mémoire et j'abrége beaucoup; mais je cite exactement. Soit dit entre parenthèses, et revenons à nos états du roi Jean.

Marcel avait aussi ses conciliabules, comme président du Tiers; il avait même trouvé des souteneurs dans la noblesse et dans le clergé, comme il s'en est trouvé, depuis, dans les assemblées de 89 et de 93, à la suite des meneurs de la révolution. Le plus influent de ces hommes, au sein des états de 1356, et le plus habile, était Robert Le Coq, évêque de Laon. Marcel était venu à bout d'absorber l'assemblée dans la personne de cet évêque, en le faisant instituer rapporteur ou président d'une commission de cinquante membres, choisie à sa dévotion dans les trois ordres, et qui en préparait toutes les décisions. C'est ainsi qu'en haine et en défiance de la cour, hautement proclamées, les hommes de la confiance du roi se trouvaient, du même coup, déclarés *indignes et insuffisants*, précédent qui n'a pas été perdu, comme nous le verrons. Cette proscription en atteignait vingt-deux, clairement désignés par leurs noms, et dont les places étaient ambitionnées par les factieux. Rien de plus facile, après cela, que de persuader à l'assemblée que ce n'était pas trop de quatre hommes pour veiller à la sûreté de chacun de ses membres; et Marcel eut ainsi à sa disposition quatre mille sicaires dont il s'était fait réserver la solde, et qu'il employait *à remuer de la terre autour de la ville,* pour en assurer, soi-disant, la défense.

Est-ce assez de similitude? Non, pas encore. Marcel impose à sa milice et à ses adhérents, c'est-à-dire à la plus vile populace, un chaperon aux couleurs du Navarrois, et désigne ainsi publiquement à leurs insultes et même à leurs coups, tous ceux qui oseraient ne pas le porter. L'effet suivit de près la menace; et Jean Baillet, trésorier de France, est assassiné en plein jour. Le dauphin eut encore assez de force pour faire arrêter et pendre le meurtrier; mais la sédition n'en devint que plus vive; et Pierre d'Arcy, avocat général, qui cherchait à l'apaiser, est massacré dans la cour du palais; mais ce n'était pas encore assez : le sang d'un *patriote* criait vengeance; et Marcel, à la tête d'une troupe de forcenés, envahit la demeure du dauphin, pénètre jusque dans sa chambre où s'étaient refugiés Jean de Conflans, maréchal de Champagne, et Robert de Clermont, maréchal de Normandie, qui avaient arrêté et livré au supplice l'assassin du trésorier de France, et les fait percer de coups, si près du jeune prince, que leur sang rejaillit jusque sur lui. — En voulez-vous donc au sang de France? leur dit celui-ci. — Non, répond Marcel qui, en signe de protection, le coiffe de son propre chaperon, se pare de celui du prince, comme d'un trophée, l'emmène avec sa bande à l'Hôtel de ville, et l'oblige à déclarer, du haut d'une fenêtre, *que bonne justice avait été faite.*

N'était-ce pas là un beau prélude à la scène du bonnet rouge dont Louis XVI devait être coiffé par le *vertueux* Pétion, quatre siècles plus tard?

Mais le dauphin, plus ferme que Louis XVI, à peine échappé à la violence qui venait de lui être faite, sort de Paris, rassemble ceux qui lui étaient restés fidèles, et bloque la ville assez étroitement pour en arrêter les approvisionnements.

Marcel y avait appelé Charles de Navarre qui, après avoir essayé vainement d'intimider le dauphin, se tourna du côté du roi d'Angleterre, et en obtint une garnison qui ne put y rester longtemps. Les Parisiens, partagés entre la crainte que leur inspirait Marcel et celle des représailles que le dauphin, devenu régent, pouvait exercer contre eux, acceptèrent près de celui-ci la médiation hypocrite et intéressée de Charles de Navarre, qui ne pouvait aboutir à rien.

Marcel, aux abois méditait de nouveaux crimes avec Charles de Navarre dont il ménageait l'entrée à Paris dans la nuit du 31 juillet 1358. Il espérait le faire proclamer roi de France, avec l'appui des Anglais qui n'avaient pas quitté les environs de la capitale, et s'apprêtait même à leur ouvrir la porte Saint-Antoine ; mais Simon Maillard, son parent, qui l'observait, lui fendit la tête d'un coup de hache, au moment même où sa trahison allait être consommée. Le dauphin reprit immédiatement possession de Paris, et l'évêque de Laon, qui n'avait plus rien à y faire, n'eut d'autre mortification à essuyer que celle d'être rendu à son diocèse et condamné à résidence.

Ainsi finit le soulèvement parlementaire ou plutôt démagogique, tenté par Marcel, à l'occasion des états généraux convoqués alors, et dont on essaye de lui faire honneur, tant l'esprit de révolte est pris facilement chez nous pour un signe de patriotisme et d'amour vrai des libertés publiques.

Si la grandeur peut être cherchée dans *l'audace*, espèce de vertu si recommandée par Danton, Marcel a toutes les apparences d'un homme plus haut que tous ceux qui ont peuplé nos assemblées, sous les noms de Montagnards et de Girondins; mais Marcel et tous les démagogues de sa race ont assez montré que la liberté n'a jamais été qu'un mot dans leur bouche, un prétexte à tous les genres d'oppression.

III.

Charles V et Charles VII avaient réparé les désastres de la France, l'un, avec l'épée de Du Guesclin, l'autre, avec celle de Jeanne d'Arc, au début de son règne qui a été l'un des plus beaux de notre histoire; et Louis XI, avec moins de grandeur et d'honnêteté dans le choix des moyens, avait du moins soutenu l'œuvre de ses prédécesseurs; mais il avait laissé la France moins prospère qu'elle ne l'était à la fin du règne de Charles VII; et jamais le peuple n'avait été plus écrasé d'impôts et plus opprimé que sous ce roi dont la nouvelle école historique nous fait un précurseur de la démocratie : nous remarquons même qu'elle se complaît dans cette idée. Louis XI a le grand mérite à ses yeux d'avoir fait couper la tête à quelques grands seigneurs, et probablement aussi celui d'avoir eu des *compères* à sa dévotion pour sa justice sommaire. Elle affecte d'oublier qu'il avait, comme dauphin, suscité contre son père la ligue des grands vassaux connue sous le nom de *Praguerie,* et que Charles VII avait préparé de plus haut et plus efficacement que lui, l'abaissement de ceux-ci. Quoi qu'il en soit, Louis XI, éclairé par sa propre expérience et rentré en lui-même avec la dignité d'un roi, peu de temps avant sa mort, avait dit à son fils encore enfant : « Consultez la vie de nos ancêtres; vous trouverez chez eux les exemples que vous devez suivre, et chez moi ceux que vous devez éviter. » Je passe à regret, plus rapidement que je ne le voudrais, sur bien des choses qui n'ont pas été comprises, ou dont le vrai jour a été faussé, car il faut bien dire que la nouvelle école historique n'a su gré à Louis XI que de ses déviations; mais Louis XI, à tout prendre, est demeuré plus vrai roi de France, au fond, que ne le veut cette école; et ses dernières paroles, en face de la mort, en sont pour moi un témoignage suffisant. Des réformes et des créations utiles ont signalé son règne, et si sa politique a été ruineuse et oppressive au dedans, trop astucieuse, et par cela même de nature à lui créer souvent des embarras très-inutiles, elle fut heureuse au dehors et valut à la France de nouveaux accroissements.

Grande époque, en effet, que celle de ces premiers Valois, car elle a été la plus féconde en résultats favorables à la centralisation de nos forces nationales et à la fusion de leurs éléments. Loin de moi la pensée de contester, en principe, l'utilité des états généraux; mais je comprends que Charles VII et Louis XI auxquels devait être présent le souvenir de ceux dont la convocation avait été motivée sous le roi Jean, aient été peu tentés de recommencer l'épreuve [1]. Le mauvais côté de ces grandes

1. Charles VII, au plus fort de ses malheurs et de la domina-

réunions est celui du désordre et de l'esprit de faction qui peuvent y pénétrer facilement sous une foule de petits drapeaux. Nos rois qui tenaient, comme on dit, *la queue de la poêle,* ont dû s'en apercevoir; et nous ne reconnaissons pas assez que, si elle leur est échappée quelquefois, le pays s'en est toujours assez mal trouvé. Si le gouvernement *représentatif* est bon chez nous ce qui n'est pas douteux pour moi, c'est à la condition d'y être pratiqué sous son vrai nom, c'est-à-dire avec l'élément d'autorité, seul capable d'y apporter les tempéraments nécessaires et d'en régulariser l'action. L'élément parlementaire y est indispensable, assurément, comme expression du corps électoral et des vœux de la nation; mais il ne constitue pas à lui seul tout le gouvernement que la nation s'est donné. C'est donc abusivement que, par une confusion de mots qui, pour être habile, n'en est que plus dangereuse, on cherche à nous faire prendre la partie pour le tout. Le dernier mot de cette doctrine, en honneur aujourd'hui, serait infailliblement celui d'une assemblée omnipotente et sans contre-poids, jusqu'au jour où sous la pression du *mandat impératif,* les clubs de Paris pourraient nous en faire une nouvelle Convention.

tion qu'il subissait jusque dans sa cour, a voulu néanmoins, comme pour échapper à celle-ci, s'en remettre aux représentants du pays *pour les grandes affaires du royaume* (états convoqués à Tours en 1428 et définitivement tenus à Chinon), mais sa bonne volonté, toute secondée qu'elle ait été alors par les états, n'a pu être efficace.

IV.

Si le règne de Charles VII a été si fécond, c'est qu'aucun roi n'a été plus profondément pénétré que lui de ses devoirs envers le peuple, et n'a mieux personnifié le sens originel ou l'esprit de notre gouvernement, qui se résume dans l'étroite union du principe populaire et du principe monarchique.

C'est à ce point de vue qui a paru trop personnel, il est vrai, que Louis XIV a dit un jour : « L'État, c'est moi »; mais il a dit aussi : « Nous sommes à nos peuples comme nos peuples sont à nous. —Je suis autant Français que roi. Ce qui ternit la gloire de la France m'est plus sensible que tout autre intérêt. » Ailleurs encore, à l'adresse de son fils : « Il me semble que nous devons être, en même temps, humbles pour nous-mêmes et fiers pour la place que nous occupons. »

Si nos rois n'ont pas toujours été en actions ce qu'ils ont été en paroles, on peut dire au moins qu'ils n'ont pas cessé de se considérer comme les dépositaires et les gardiens des droits du peuple, et que le peuple en jugeait ainsi de son côté. *Si le roi le savait!* disait-il, en se débattant sous le joug de la féodalité. Le sentiment de cette réciprocité se retrouve partout. La tradition faisait ainsi de la France un seul corps où le peuple et le roi se trouvaient comme identifiés. La langue elle-même s'y était façonnée.

C'est dans cette langue que Jeanne d'Arc, avertie trop tard d'un engagement, disait un jour en parlant à son page : « Ah! méchant garçon, vous ne me disiez pas qu'on répandait le sang de France! » Et que le dauphin, qui devait être Charles V, a pu dire à Marcel : « En voulez-vous donc au sang de France? » expression d'autant plus juste que les dauphins étaient appelés *Fils de France.*

On a cru trouver, dans le droit héréditaire, ou dans le sacre qui en marquait la transmission, une espèce de *droit divin* supérieur ou préexistant; mais ce droit procédait de l'assentiment populaire. Nos rois, comme le disaient nos ancêtres des états généraux, *n'étaient rois que par le peuple et pour le peuple :* il est, en effet, de tradition non interrompue, de Clovis à Charles X inclusivement, que la formalité de l'acclamation populaire était renouvelée à chacun de leurs sacres. Massillon, prêchant devant Louis XIV, et Villaret comme historiographe de France, insistent l'un et l'autre et très-explicitement, sur ce principe de notre vieux droit national[1]. Charles le Chauve avait dit avant eux dans un édit préparé par un Concile, en 864 : *Lex consensu populi fit et institutione regis.*

Telle était la véritable *légitimité* de nos rois. Le sacre était ici la consécration du principe et non pas le principe : distinction facile à saisir, et qui ne peut avoir été négligée sans un grand aveuglement. S'il m'était permis de chercher une analogie dans la vie commune, je la trouverais dans la bénédiction nuptiale qui n'est que la consécration devant Dieu d'un choix préalable. Il est évident que l'Église ne bénirait pas des époux qui ne se seraient pas choisis ou qui ne seraient pas au moins consentants. Le sacre n'a jamais eu d'autre signification. Tout contrat, fait dans ces conditions, peut être dit de *droit divin,* en tant que conforme à la loi de Dieu; mais

1. JEANNE D'ARC, *Commentaires historiques*, pages 237 et 241.

il ne le serait pas dans les conditions rêvées par les casuistes de la Restauration. C'est faire assez comprendre, je crois, l'étrange abus qui a été fait de ce mot. Nous y retrouvons cette espèce de théocratisme fourvoyé qui n'a pas été moins fatal à la religion qu'à la royauté. C'était saper celle-ci dans le cœur du peuple et ruiner la plus belle et la plus touchante de nos traditions : témérité inouïe, jusque-là, même sous Louis XIV, le plus absolu de nos rois. « Tout prospère dans une monarchie, disait La Bruyère, un des écrivains de ce grand règne, lorsqu'on y confond les intérêts du peuple avec ceux du prince. » — Et ailleurs, disait encore La Bruyère : « Nommer un roi père du peuple, c'est moins en faire l'éloge que l'appeler par son nom ou en faire la définition. »

Charles VII, amené de bonne heure à compter sur le peuple bien plus que sur les grands, n'a jamais séparé sa cause de celle du peuple; il a personnifié plus sincèrement qu'aucun autre de nos rois, sans en excepter même Henri IV auquel on l'a comparé, cette union du principe monarchique et du principe populaire qui a toujours été la véritable force et l'élément le plus vital de notre gouvernement.

« Dans l'opinion populaire, dit M. Théophile Lavallée, le roi était la personnification de la patrie : Jeanne résumait en elle les idées et les sentiments du peuple. » M. Henri Martin se place au même point de vue. M. Michelet nous rend cette idée plus sensible encore, en disant *que la patrie pouvait être aimée comme une personne;* et cette parole est, sans contredit, la meilleure explication humaine du prodige de l'apparition de Jeanne d'Arc, unique dans l'histoire des peuples.

A quoi tient-il que MM. Henri Martin et Michelet qui, l'un et l'autre, au début de leur carrière historique, ou, si je puis m'exprimer ainsi, dans *leur lune de miel,* ont si bien compris Jeanne d'Arc, et mis en relief avec une sorte d'amour et de sympathique effusion, la puissance et la beauté du sentiment qui en a fait la libératrice de la France, en soient venus à trouver ce même sentiment détestable en principe et attentatoire aux droits comme à la majesté de la nation? Pourquoi Charles VII est-il aujourd'hui le point de mire des attaques les plus injustes et les plus passionnées, comme si le mot d'ordre en avait été donné sur toute la ligne des historiens de la nouvelle école; et comment se fait-il enfin que ce roi soit devenu tout à coup si gênant pour eux? La raison en est facile à donner, c'est que le règne de Charles VII échappe de toutes parts à la domination de leurs doctrines. *Inde iræ.*

Que veulent-ils? Est-ce une forme quelconque de gouvernement parlementaire? Est-ce une république à l'américaine? Est-ce le gouvernement d'une assemblée unique, établie sur le principe du mandat impératif, et prenant ses inspirations dans les clubs ou dans la rue? C'est un peu de tout cela sans doute, et nous y arriverons; mais nous en sommes encore à la vieille France et à ses états généraux. Revenons donc à cette partie de notre sujet : nous le ferons brièvement.

V.

Les états tenus à Tours, sous la minorité de Charles VIII, ont été beaucoup plus calmes que ceux du roi Jean, tenus à Paris. La nouvelle école les accuse de mollesse et les trouve insignifiants. Cela devait être; et ceux qui la connaissent un peu n'en seront pas surpris. Le tapage est en effet, pour cette école, un signe constant de patriotisme et l'indispensable condition de tout progrès. L'esprit de sédition n'ayant pas soufflé à Tours, il est évident pour elle qu'on n'y a rien fait. Je n'aurais pas osé toutefois la juger ainsi de mon autorité privée. C'est M. Ozaneaux, l'un de nos écrivains les plus impartiaux qui parlera ici pour moi. « Les écrivains modernes, dit-il, accusent l'assemblée de n'avoir pas fait davantage. Que pouvait-elle de plus? Rédiger une charte? Mais à quoi bon? Pour n'être rédigés nulle part, en forme de loi, les principes du gouvernement monarchique de la France n'étaient pas moins connus, moins sacrés pour nous, moins inébranlables. Après le règne de Louis XI, il fallait les rappeler par une imposante protestation, par une déclaration solennelle; les représentants du pays avaient fait leur devoir, c'était au gouvernement à faire le sien. Louons nos aïeux d'avoir été si fermes et d'être restés si sages. »

L'école a-t-elle au moins tiré des discours prononcés dans les états l'instruction qui s'en dégage si clairement sur le principe même de notre institution monarchique; et si elle les a lus, dira-t-elle encore aujourd'hui qu'un seul orateur de l'assemblée et même de la cour y ait argué d'un prétendu droit divin? Ces états n'ont-ils pas été, au contraire, unanimes dans la reconnaissance du principe de l'assentiment populaire, élément humain nécessaire de toute souveraineté humaine; et l'absence de toute contradiction sur ce point ne nous fait-elle pas voir assez que le droit divin, comme on l'entend, n'y était admis par personne?

Écoutons pour en être bien convaincus, le sire de la Roche, un des députés de la noblesse :

« Comme l'histoire le raconte, et comme je l'ai appris

de mes pères, dans l'origine, le peuple souverain créa des rois par son suffrage, et préféra particulièrement les hommes qui surpassaient les autres en vertu et en habileté. Oui, les princes sont tels, non afin de tirer un profit du peuple, mais pour oublier leurs intérêts, l'enrichir et le conduire du bien au mieux. S'ils font quelquefois le contraire, certes, ils sont des tyrans et de méchants pasteurs qui, mangeant eux-mêmes leurs brebis, acquièrent le nom de loups, plutôt que les mœurs et le nom de pasteurs... N'avez-vous pas lu souvent que l'État est la chose du peuple; et puisqu'il est sa chose, comment négligera-t-il ou ne soignera-t-il pas sa chose? Comment des flatteurs attribuent-il la souveraineté au prince qui n'existe que par le peuple?.. Or, puisqu'il est constant que notre roi (mineur) ne peut disposer lui-même de la chose publique, il faut qu'elle revienne au peuple, donateur de cette chose... Loin de moi pourtant l'intention de dire que la capacité de régner ou la domination passe à tout autre qu'au roi! Je me borne à prétendre que l'administration du royaume et la tutelle, non le droit et la propriété, sont accordés pour un temps au peuple ou à ses élus. »

Rien de plus explicite : il est impossible de mieux faire la part des droits du peuple et de ceux du roi consacrés par le principe de l'hérédité. L'école ne doit pas ignorer cela ; mais *son siège est fait,* c'est-à-dire qu'il entre dans ses vues de donner aux choses un aspect tout différent, pour ne pas dire opposé. Reconnaissons d'ailleurs, à sa décharge, que les casuistes de la Restauration lui ont fait la partie belle et n'ont pas moins dénaturé nos traditions[1]. C'est ainsi que tout le monde apporte

1. FRANC.-GAULOISES. *Moralités historiques,* pages 106 et suivantes.

sa pierre à l'édifice de la moderne Babel, et qu'on ne s'entend plus, depuis longtemps, que pour tout détruire et tout fausser.

M. Guizot, sous le ministère duquel la publication des états tenus à Tours a été ordonnée (Rapport au roi du 27 septembre 1834), ou plutôt ceux qui les ont lus pour lui, car il avait alors de plus grands devoirs, auraient pu rectifier l'idée fausse accréditée sur ce prétendu droit divin qui n'a jamais existé dans le droit public des Français ; mais cette erreur était *utile* alors ; et je comprends que les habiles aient mieux aimé l'entretenir au profit de la nouvelle dynastie.

Rien de plus absurde, en effet, de plus fatal à la branche aînée des Bourbons que ce droit divin, réputé supérieur et préexistant. Je comprends que Henri VIII d'Angleterre, ou les czars, ou d'autres despotes du Nord, usurpateurs du spirituel, aient pu s'en prévaloir et continuent de l'exploiter dans l'intérêt de leur propre domination sur les âmes et même sur les corps; mais cet intérêt n'existe pas en France où le spirituel et le temporel sont heureusement subordonnés à des juridictions différentes.

Le principe de tout pouvoir et de toute liberté ne peut sans doute être cherché qu'en Dieu ; mais Dieu qui nous a donné le libre arbitre n'est pas responsable en nous de son exercice. Il n'entend pas plus gêner le libre arbitre des nations que celui des individus et même des souverains, dans le gouvernement des choses de la terre ; et j'ai pu dire encore, à ce point de vue, que si la Révolution a tué Louis XVI, les inventeurs du droit divin ont tué la royauté elle-même, autant qu'il était possible de le faire.

Je n'ai rien à chercher de plus, dans les états de Tours,

à l'appui de la thèse qui est l'objet de cette étude, et je tiens d'autant plus à ne pas m'en servir ici au delà du nécessaire, que j'ai eu lieu de le faire plus largement dans un de mes précédents écrits[1].

VI.

La parfaite intelligence des faits historiques est plus difficile que ne le croient la plupart de ceux qui se mêlent de nous les traduire. Il y faut un sens droit, développé par une grande expérience des choses humaines, et le secours d'une foule de documents dont la recherche et l'analyse exigent beaucoup de sagacité et une grande persévérance; il y faudrait enfin la plus entière impartialité. Chose étrange toutefois! si cette dernière condition n'est pas encore désavouée en théorie, l'opinion n'en favorise pas la pratique; et les choses en sont au point qu'elle serait plutôt de nature à discréditer un livre. Il est, en effet, de plus en plus patent chez nous que les écrivains de parti sont les seuls en faveur. Aussi notre histoire est-elle devenue systématique, et même synthétique, au gré du premier venu qui la mettra sous une date, ou la fera tenir *dans le creux de sa main*, comme M. Taine y a déjà fait tenir *le monde antique*, avec un aplomb charmant. Cette doctrine est visiblement en progrès dans le domaine de l'histoire comme dans tous les autres; et bien dupes ou bien courageux seraient désormais ceux qui pourraient encore attacher quelque prix aux travaux d'érudition.

1. FRANC.-GAULOISES, tome I.— *La Royauté*, pages 106-110. — *Une page de notre histoire nationale*, pages 125-132.

Lè tapage de 93, écho de beaucoup d'autres qui ont troublé la sérénité de notre histoire, a étouffé la grande voix des bailliages de 89, expression des vœux de la vieille France, qui n'avaient pas cessé de se faire entendre, à peu près dans les mêmes termes, au pied du trône ou dans le sein des états généraux. C'est ce que tout le monde peut savoir aujourd'hui, s'il est permis de tenir encore à savoir un peu l'histoire de son pays.

Les histoires de France, d'une date plus ou moins ancienne, peuvent sembler compendieuses et dépourvues de ce mouvement qu'on aime à rencontrer dans les nouvelles et que l'esprit de parti peut y mêler; mais elles sont plus dégagées d'idées préconçues, et je les crois plus véridiques par cette raison. L'intérêt plus ou moins grand qu'on pourrait trouver dans les unes ou dans les autres se réduirait donc à une question de forme; et je ne puis croire que la vérité dégagée de toute passion de parti puisse être ici une cause d'infériorité. Notre histoire, bien comprise, est la plus intéressante qui puisse être écrite; mais il faut la prendre où elle est, c'est-à-dire à son vrai foyer, dans l'âme de la France, et surtout dans les grandes paroles échappées à tous ceux de ses enfants, depuis le peuple jusqu'aux rois, qui l'ont servie sincèrement et le mieux personnifiée.

Celle de M. Henri Martin, toute surchargée qu'elle est de lauriers académiques, ne peut être lue qu'avec une grande défiance. Celle de M. Michelet me paraît plus française et plus vraie, mais dans les cinq premiers volumes seulement d'une édition que j'ai tenue et lue. Je crois pouvoir dire, en somme, que la plupart de nos histoires de France, postérieures au grand mouvement révolutionnaire qui nous a fait passer, un moment, de la monarchie à la république, ont été faussées plus ou moins par les passions politiques et les préjugés nés de cette révolution. Les cahiers de 89, aussi remplis de justes doléances que de respect pour la royauté, ne sont, à vrai dire, que le renouvellement plus explicite et mieux ordonné des vœux déjà exprimés par les états généraux qui les ont précédés, notamment par ceux qui ont été tenus sous Charles VIII, et dont les procès-verbaux nous ont été si bien conservés. La physionomie de la France y est restée la même absolument.

Ce à quoi le véritable progrès devait nous conduire, à l'aide du temps, c'était à l'institution permanente du contrôle de la nation, substituée à l'action intermittente des états généraux[1].

La nouvelle école est-elle bien fondée à dire aujourd'hui que ce progrès nous ait été trop longtemps marchandé? Je ne suis pas, je l'avoue, très-porté à le croire, eu égard à l'usage qu'on en a fait jusqu'à présent; mais la chose étant bonne en principe, il ne peut y avoir ici pour moi d'autre question que celle de *la manière de s'en servir*, ou des conditions normales et bien entendues de son exercice.

Notre caractère national, essentiellement mobile et frondeur, a été souvent signalé comme un obstacle à la bonne entente ou à l'usage régulier du gouvernement représentatif. On serait tenté de le croire au premier aperçu; mais il y a ici d'importantes réserves à faire; et quand elles seront faites, on conviendra, je l'espère, que

1. Il y a eu, si je compte bien, quinze convocations des états généraux depuis 1301, sous Philippe le Bel, à 1789, indépendamment d'assemblées plus restreintes, dites des *notables*, à différentes époques; et, quant à celles-ci, Bouillet en compte neuf, y compris les deux qui ont immédiatement précédé les états de 1789.

la question n'a jamais été envisagée sous son vrai jour et bien posée.

VII.

L'histoire nous apprend que Paris a toujours été le foyer de tous les troubles et de toutes les révolutions dont la France a été victime, et que si, par hasard, il en est sorti quelque bien, c'est toujours après le rétablissement d'un ordre quelconque et l'apaisement des passions. Nous y voyons aussi que ce rétablissement de l'ordre a coïncidé, d'une manière constante, avec celui de l'autorité royale : témoin les transformations soudaines, et comme à vue, de l'état de la France à chacune des grandes époques de la réintégration de cette autorité, soit dans le cours de nos guerres nationales avec l'Angleterre, aggravées sous Charles V par l'attitude des états généraux plus encore que par les menées de Charles de Navarre, et sous Charles VII, par la défection du duc de Bourgogne, soit sous Henri IV, après les troubles de la Ligue, et sous Louis XIV, après ceux de la Fronde.

Je ne veux pas dire que la royauté n'ait pas commis de fautes ; je remarque seulement que son principe a résisté mieux que tout autre aux causes de ruine et de désagrégation dont la France a eu à se défendre. Le parlementarisme est au nombre de ces causes, et nous le retrouvons encore ici. L'immixtion de cet élément dans les affaires de l'État, pendant la minorité de Louis XIV, n'a pas été moins féconde en troubles que celle des états généraux, sous le roi Jean. Ce vieux Paris qui nous avait déjà donné les sicaires de Marcel et les ateliers dits *nationaux,* sous Charles V, la faction bourguignonne et les

Cabochiens sous Charles VI et Charles VII, les barricades et la Ligue sous Henri III et Henri IV, nous devait aussi la Fronde, en attendant les Jacobins.

Si le règne de Louis XIV a été grand, c'est avec le peuple et par le peuple heureusement préservé de la corruption des hautes classes, et grâce à l'abaissement des grands dont les intrigues et les rivalités ne franchissaient plus le seuil de la cour, et ne pouvaient désormais porter aucune atteinte à la tranquillité générale de l'Etat; mais ce règne si bien commencé devait mal finir et laisser la France dans une sorte d'affaissement qui la mettait, pour ainsi dire, à la discrétion de ces mêmes grands que Louis XIV avait tenus à l'ombre, au grand déplaisir de Saint-Simon.

La Régence, le règne de Louis XV, et la philosophie du XVIIIe siècle, ont concouru, par des voies diverses, à consommer l'œuvre de la dégradation des âmes et de la perversion des esprits qui devait amener la Révolution.

Révolution grosse, en effet, de tout cela, révolution qui pouvait être, sans violence, organisatrice et réparatrice, et qui n'a fait que compromettre et gâter ce que la France avait demandé par la voix de ses bailliages, et que Louis XVI, le premier, voulait accorder. La nouvelle école historique élude ou nie cette vérité; c'est la moindre chose : on sait, en effet, que ses adeptes, après avoir *expliqué* d'abord et même *excusé*, par une prétendue nécessité, les crimes de la Révolution, en sont venus, non-seulement à les *justifier*, mais encore à les *glorifier*.

LA RÉVOLUTION

La Révolution n'a été qu'un long cauchemar enfanté par le parlementarisme, et qui s'est continué dans le délire des passions les plus aveugles et de toutes les vanités de l'esprit qu'elle avait soulevées confusément. Mirabeau, les Girondins, les Montagnards, autant de spectres qui s'y sont succédé, jusqu'au coup de hache qui a fait tomber la tête de Robespierre, et qui a été l'heure du réveil ou le commencement de la délivrance. On peut dire aussi qu'à cette heure elle était morte et qu'elle attendait un maître qui devait venir et qui est venu.

La Convention, délivrée de Robespierre, était entrée dans les voies d'une certaine modération; mais les passions qu'elle avait soulevées n'étaient pas éteintes; et cette assemblée fut envahie elle-même par les masses populaires et soumise aux mêmes violences qu'elle avait soudoyées contre Louis XVI. Un jeune député, Féraud, y fut même assassiné, et sa tête portée au bout d'une pique; elle fléchit à son tour devant le peuple, et se vengea de cette humiliation sur les complices les plus apparents de sa faiblesse; mais elle arrivait au terme de ses pouvoirs; et ce fut alors qu'elle décréta la Constitution de l'an III qui créait deux conseils, celui des Cinq-

Cents, celui des Anciens, et un pouvoir exécutif composé de cinq membres, sous le nom de Directoire.

Ce gouvernement qui dura quatre ans, du 13 brumaire an IV (4 novembre 1795) au 18 brumaire an VIII (9 novembre 1799), a été noté surtout comme une période de licence effrénée qui nous rendait les mœurs de la Régence avec usure. Il avait lui-même, en quelque sorte, autorisé le coup d'État du 18 brumaire par celui du 18 fructidor, contre deux de ses membres, onze du conseil des Anciens, et quarante-deux de celui des Cinq-Cents, soupçonnés de royalisme et qui furent condamnés à la déportation. C'est ainsi que la Révolution continuait de se décimer.

Le gouvernement du Directoire aurait, je crois, peu de défenseurs, encore moins d'apologistes; et comme il est né de la Révolution, comme il n'a pas d'autre principe, on ne peut évidemment rapporter qu'à celle-ci son impuissance et le vice originel de son institution. Napoléon ne rencontra bientôt, parmi les hommes qu'il en avait chassés, que des complaisants. L'auteur même du fameux écrit : *Qu'est-ce que le tiers état,* etc., qui avait préparé la Révolution, l'idéologue Sieyès, se chargea volontiers d'élaborer une nouvelle constitution qui mettait tous les pouvoirs de l'État dans la main du premier consul; et chacun sait que cette constitution, dite de l'an VIII, a marqué la fin du parlementarisme et préparé l'avénement de l'Empire. Ajoutons qu'à très-peu d'exceptions près, tous les hommes de la Révolution, même les terroristes, ont brigué à l'envi, ou du moins ne refusèrent pas les faveurs du nouveau gouvernement. Je n'en suis point surpris; mais si les hommes qui ont voté la mort d'un roi si incliné à tout accorder, portaient en eux des dispositions qui devaient en faire les courtisans d'un empereur absolu, que penser de leur *parlementarisme* et de leur *idéologie,* car on sait que Napoléon se plaisait à railler en eux ces deux choses; et puisque les hommes sont ainsi faits, j'ai bien le droit d'en tirer au moins cet enseignement, que nous devons, tous tant que nous sommes, être humbles et défiants de nous-mêmes, et nous bien garder surtout d'élever nos utopies sur des monceaux de ruines humaines.

Mais, dira-t-on, Napoléon a été un usurpateur. — Évidemment — mais la Révolution n'a-t-elle pas été elle-même, et la première, une longue et sanglante usurpation fondée sur la violence et le mépris le plus insolent de toutes les lois divines et humaines?... Est-ce qu'on n'a pas la fable *du loup et de l'agneau?* — Pauvre roi!... Pauvre peuple aussi, condamné au régime de la misère, au spectacle de l'échafaud dressé en permanence et *aux fêtes sans-culottides !*

Et l'histoire ne nous dit-elle pas que la raison publique amnistie, quand elle le veut, certains actes qu'il est permis aux légistes de qualifier d'usurpations? Mais ces sortes d'amnisties n'appartiennent qu'au peuple ou à la grande voix d'une nation, jury supérieur et sans appel autre qu'à Dieu. L'histoire peut ne pas juger; mais son témoignage est là : nous y lisons que la France tout entière a été heureuse d'acclamer dans Napoléon celui qui lui rendait à la fois ses institutions religieuses et monarchiques, présidait à la coordination de ses lois civiles, et domptait l'Europe coalisée. C'est par là surtout que son règne a été grand, car il ne nous est rien resté de ses conquêtes. Il est d'autant plus commode et heureux pour moi d'avoir à considérer celles-ci comme étrangères à mon sujet que, si elles ont porté haut la loire de nos armes, elles n'ont amené pour nous que des désastres et des humiliations. Les idéologues de la nouvelle gauche nous diront peut-être, à ce propos, qu'un contrôle, autrement organisé que celui de la constitution de l'an VIII, aurait pu conjurer ce triste dénoûment; mais cette constitution, qui posait en principe la dictature de Napoléon, n'était-elle pas l'œuvre de la Révolution faite homme en lui? Ne pourrait-on pas dire aussi que Napoléon avait sauvé la Convention elle-même dans la journée du 13 vendémiaire? Ce sont là des faits irrécusables, et qu'il est bien permis d'opposer aux apologistes de la Révolution.

Nous rencontrons ici l'opinion des impérialistes *libéraux*, disant que Napoléon a *sauvé* les conquêtes de la Révolution, autant qu'elles pouvaient l'être, et celle des survivants du principe républicain, soutenant qu'il a *étouffé* cette même révolution pleine de vie et du plus bel avenir. Il n'y a pas de place ici pour moi, par la raison que mes points de vue sont tout à fait différents. La pensée constante de Napoléon, pensée qui l'a perdu, la été bien plutôt d'agrandir démesurément la France, après l'avoir sauvée par son génie, que de lui donner des libertés politiques. Les hommes de la Révolution n'ont fait, de leur côté, qu'enfoncer des portes ouvertes, usurper tous les pouvoirs, et se mettre à la place du peuple et du roi, pour se décimer ensuite et se noyer dans leur propre sang, laisser enfin la France à un Directoire *pourri* qui ne croyait à rien, pas même à lui. Les libertés que nous avons, nous ne les devons qu'à nous qui les avions revendiquées par la voix de nos bailliages, à nous et au roi qui en avait posé le principe, et ne demandait pas mieux qu'elles fussent développées régulièrement. Ce développement plus ou moins troublé, pour ne pas dire interrompu par la Révolution, n'a même été repris sérieusement qu'à l'époque de la Restauration à laquelle nous arrivons. C'est ce qui résulte clairement des faits, non pas arrangés, mais pris en eux-mêmes, et tous les romans du monde ne prévaudront pas contre eux.

LA RESTAURATION

La branche aînée des Bourbons, mal entourée, mal conseillée, et comme dépaysée au milieu de nous par une longue expatriation, dominée par la fausse doctrine d'un prétendu droit divin rêvé par ses casuistes, a commis beaucoup de fautes et donné de graves prétextes à l'animosité des partis conjurés contre elle.

On a regretté d'abord, à son avénement, qu'elle n'eût pas adopté les couleurs nationales. Il est évident qu'en ne le faisant pas, elle s'exposait à les avoir contre elle; et c'est en effet ce qui lui est arrivé deux fois, la première en 1815, au retour de l'Empereur, et la deuxième en 1830, à la suite de son coup d'État. La réapparition de ces couleurs a eu une immense portée.

Il a paru également très-impolitique et blessant pour la nation que Louis XVIII eût daté son premier acte de *la dix-neuvième année de son règne*, et donné sa charte à titre de concession, ou *d'octroi fait à ses sujets par le libre exercice de sa volonté royale.*

Quand on prenait en main le gouvernement d'une nation telle que la France, il était au moins imprudent de dire aux citoyens de cette nation : «Vous êtes mes sujets, mon patrimoine, et je ne tiens que de moi les droits que j'ai sur vous. Je veux bien cependant vous octroyer une constitution, mais c'est un acte de mon bon plaisir ; il dépendrait de moi de ne pas vous la donner. Vous aviez mis votre gloire et vos libertés sous la protection d'un drapeau qui n'est pas celui de mes ancêtres, eh bien, je le proscris. Ce drapeau ne sera désormais qu'un signe de révolte et d'insurrection. » N'était-ce pas, je le demande, abaisser, refouler profondément en eux le sentiment de leur nationalité? N'était-ce pas les traiter en ennemis vaincus?

La Charte cependant, considérée dans ses dispositions, n'en était pas moins une œuvre de haute sagesse, et qui répondait, d'une manière suffisante à tous les vœux du moment.

D'autres fautes suivirent, entre autres celles d'une défiance non dissimulée envers l'armée. Les esprits étaient déjà très-mal disposés, quand se répandit la nouvelle du débarquement de Napoléon. Le roi dut se retirer ; la défaite de Waterloo lui permit de rentrer, mais à la suite des armées étrangères.

Les événements portaient en eux une grande leçon dont la seconde Restauration parut disposée à profiter. Louis XVIII avoua que son gouvernement *avait commis des fautes* ; mais il avait à lutter contre sa famille elle-même autour de laquelle se groupait le parti des royalistes *quand même*, ou des *ultra-royalistes* qui n'avaient, comme on l'a dit, *rien appris, ni rien oublié*.

La Chambre de 1815 fut réactionnaire et se montra même factieuse, dans son opposition à la politique du roi. De sanglantes représailles furent provoquées, des cours prévotales instituées ; l'exécution regrettable du maréchal Ney date de cette époque ; les populations du Midi, très-exaltées, se signalèrent par des massacres à peine contenus et même impunis : ce fut le temps d'une espèce de terreur qui a été appelée *blanche*. Le roi comprit la nécessité de dissoudre la Chambre; une ordonnance y pourvut. Cette ordonnance affirmait le maintien de la Charte et déclarait, contrairement aux espérances de la faction, qu'aucun de ses articles ne serait revisé.

Louis XVIII entrait ainsi dans les voies d'une politique libérale, et y persista pendant toute la durée d'un ministère auquel M. Decazes a donné son nom et qui avait toute sa confiance; mais l'assassinat du duc de Berry (13 février 1820), exploité contre ce ministre, obligea le roi de s'en séparer. Le cabinet fut néanmoins peu modifié; la présidence en fut donnée au duc de Richelieu; mais l'opposition dite royaliste avait repris quelque faveur. Une nouvelle loi électorale, accordée à ses obsessions, l'avait fait triompher dans une mesure inattendue pour le roi lui-même; et M. de Villèle qui représentait cette opposition fut appelé au ministère peu de temps après l'ouverture de la session de 1821. Ce ministre gouverna bientôt seul; et le mouvement politique rétrograde, à peine contenu par Louis XVIII, dont la mort eut lieu le 16 septembre 1824, ne fit que s'accélérer sous le règne de Charles X.

La loi d'indemnité, rendue en faveur des émigrés, toute justifiable qu'elle fût, celle du droit d'aînesse, heureusement repoussée par la Chambre des pairs qui en fut bientôt punie par une fournée de soixante-seize nouveaux membres, la loi du sacrilége, la dissolution de la garde nationale et celle de la Chambre des députés, le rétablissement de la censure, achevèrent de dépopulariser le gouvernement. M. de Villèle dut enfin se retirer devant le résultat des nouvelles élections qui renvoyaient à la Chambre une majorité d'opposition des plus menaçantes. Un nouveau ministère, animé des intentions les plus conciliatrices et les plus libérales, et auquel le nom de ministère Martignac est resté, entra en possession du pouvoir le 4 janvier 1828.

Ici, les situations changent. Autant l'opposition pouvait sembler légitime et motivée sous le ministère Villèle, autant elle a paru injuste envers l'administration qui lui succédait. Le projet de loi d'organisation municipale et départementale échoua plus par le mauvais vouloir de l'opposition que par la faute du ministère; et l'effort de conciliation, tenté vainement par celui-ci, fut bientôt suivi de sa retraite. Cette résolution, qui a pu sembler désespérée, s'explique d'autant mieux que le ministère était placé ici entre une opposition de droite ultra-royaliste et une opposition de gauche extra-libérale. Elle l'était à tel point que Benjamin Constant lui-même faillit perdre sa popularité pour avoir un instant paru sympathique au ministère.

L'opposition de gauche avait déjà, comme le fait remarquer très-justement M. Fernand Giraudeau[1], montré le même mauvais vouloir, en 1819, à l'égard des nouvelles lois proposées sur la presse, et qui peuvent encore aujourd'hui compter parmi les plus libérales que la France ait jamais eues.

La dynastie des Bourbons était ainsi fatalement condamnée à périr entre deux partis, celui d'un droit divin mal entendu qui en faussait le principe et celui d'une opposition, sans trêve ni merci, qui la repoussait systématiquement. C'est la seule excuse qui puisse être donnée des derniers entraînements qu'elle a subis et

1. *Nos mœurs politiques*, 1868, pages 235-244.

qui l'ont conduite à sa perte. Elle a eu la gloire au moins de nous avoir apporté une constitution beaucoup plus libérale que celles qui nous restaient de la Révolution; mais la Providence avait marqué la fin de cette dynastie, comme si elle avait voulu ne nous la rendre un instant que pour l'inauguratton des libertés promises par le roi martyr, et nous laisser ensuite à nous-mêmes et aux vanités de l'esprit révolutionnaire, encore une fois, jusqu'à suffisante correction.

Charles X a précipité cette fin; mais il est douteux, dans l'état des choses et des esprits, qu'une habileté plus grande ait pu la conjurer. L'impuissance du ministère Martignac en est la première preuve, et les événements qui vont suivre en seront la seconde.

NOTA. — Ce rapide aperçu des grandes phases de la Restauration n'est qu'un simple exposé de faits jugés en eux-mêmes à un point de vue très-général, et comme en dehors des hommes qui en ont porté la responsabilité. Je n'ai rien à y changer, même après avoir lu les *Souvenirs de la Restauration,* par M. Alfred Nettement qui viennent de m'être communiqués. Ce livre est une preuve de plus à l'appui d'une grande vérité trop méconnue : que les hommes politiques ne peuvent être bien jugés que d'après une connaissance approfondie des nécessités qu'ils ont subies et des principes (s'ils en ont eu) qui ont servi de règle à leur conduite, car il en est trop, malheureusement, qui ne vivent que d'expédients. M. Decazes perd à cet examen; M. de Villèle y gagnerait plutôt. Je ne me dissimule pas qu'on peut voir ici, dans M. Alfred Nettement, un homme de parti, c'est-à-dire attaché *quand même* à la cause de la Restauration; mais sa fidélité constante à la cause de ce gouvernement ne l'aveugle pas sur ses fautes : loin de là, et ceux qui le liront bien pourront trouver, comme moi, qu'il est impossible de se montrer plus impartial et plus modéré dans une position plus délicate. — Ce que j'ai dit de l'effet produit contre le gouvernement de la Restauration, par la réapparition des couleurs nationales, est en partie confirmé par les propres récits de M. Alfred Nettement. — J'ai parlé des massacres du Midi *à peine contenus*. M. Alfred Nettement nous aide à nous rendre compte à la fois des circonstances qui les ont amenés et de celles qui en ont rendu la répression difficile. Ces massacres étaient *des représailles*, et les preuves qu'il en donne sont assez bien établies pour atténuer singulièrement la culpabilité de ceux dont les noms sont restés attachés à ces souvenirs sinistres.

1830 ET 1848

I.

Voici un roi qui semblait devoir être entièrement au gré des Parisiens, *roi citoyen,* comme on l'appelait, *roi bourgeois,* né d'une révolution faite avec leurs propres pavés, roi *constitutionnel* et même *parlementaire,* établi sur le principe de *la souveraineté nationale,* acclamé par toute la province à leur suite; eh bien, ce *même* roi, des plus débonnaires, auquel on ne peut reprocher d'être, un seul instant, sorti de la constitution, n'en était pas moins chassé, dix-huit ans après, par un soulèvement de ces *mêmes* Parisiens. J'entends dire, à leur décharge, qu'il y a eu surprise et qu'ils s'en sont repentis le lendemain. Soit : encore est-il bon de savoir comment la chose a pu arriver. Cela vient de ce que les parlementaires avaient posé dans la rue les questions de personnes ou *de cabinet* qui s'agitaient dans la Chambre, et que la République, au grand désappointement des parlementaires eux-mêmes, ayant trouvé la place du gouvernement vide, a pu s'y asseoir un moment.

Ce sont donc, en réalité, les parlementaires qui, sans

le vouloir, ont renversé Louis-Philippe; et les Parisiens n'ont eu autre chose à faire ici qu'à relever contre lui les barricades de 1830, alors abaissées devant lui, si pieusement, comme on le voit dans le tableau d'Horace Vernet.

Les parlementaires diront qu'on leur avait refusé, contre toute raison, une très-petite réforme électorale, celle de l'adjonction de la seconde liste du jury, ou de ce qu'ils appelaient aussi, plus complaisamment, *des capacités*. Les capacités étaient ici les licenciés et docteurs en droit, les docteurs en médecine, etc., c'était bien la moindre chose, en effet, que des citoyens, trouvés bons pour être jurés, ne fussent pas trouvés indignes d'être électeurs. Il y avait ici une charge et un droit: comment ne pas accorder celui-ci quand on imposait celle-là? Le refus constant que les ministres de Louis-Philippe y ont opposé n'a pas été moins injuste qu'impolitique, et les raisons connues de ce refus n'ont pas été trouvées bonnes.

M. Duchatel voyait, dans l'adjonction demandée, *une porte ouverte;* et ce mot lui est même échappé, moi présent, devant certaines obsessions. N'était-ce pas plutôt, dans les circonstances où la question se débattait, *une porte fermée?* C'était même ce qu'on lui disait; mais son esprit était probablement ailleurs : il est, en effet, d'observation bien acquise, en politique surtout, que la ligne droite a toujours été la moins suivie. C'est le royaume des surprises, et l'histoire ne nous y fait voyager que par sauts et par bonds, comme nous allons le voir encore une fois.

Si je comprends bien M. Duchatel, il s'était dit: ce n'est pas une réforme qu'on veut, c'est le renversement du ministère; et si peu que nous cédions, l'opposition ne mettra aucun terme à ses exigences. Il était parfaitement fondé à le croire ; et tous les tacticiens de la Chambre n'en jugeaient pas autrement. La réforme était un moyen plutôt qu'un but ; et je savais moi-même que la gauche y tenait fort peu. Ce qu'elle voulait par-dessus tout, c'était le renversement de M. Guizot. Je me demandais si celui-ci ne serait pas habile en cédant à l'opposition, dans la mesure de la seconde liste du jury qui était un cadre tout formé ; je souhaitais même qu'il le fît ; mais il n'en a pas jugé ainsi.

Que le ministère ait eu tort ou non, ce n'est pas maintenant mon plus gros souci. Si je me reporte aux règles du gouvernement parlementaire, il est évident que la question qui se débattait entre le ministère et l'opposition appartenait au jugement de la Chambre, et que ces règles ont été gravement violées par l'opposition qui, au lieu d'en faire une question de cabinet, en a fait, dans sa fougue, une question de banquet.

Le programme de la réforme, une fois lancé dans l'opinion, de petit qu'il était d'abord et circonscrit dans la seconde liste du jury, devait s'y perdre, comme toujours, en aspirations vagues et indéterminées : c'est, en effet, ce qui est arrivé. Tout le monde s'était mis à crier : *La réforme !* à la suite *des capacités ;* mais quelle réforme ? On ne se le demandait même plus. La révolution de 1848 en a donné, comme on sait, bien au delà de ce qu'en voulaient les promoteurs du fameux banquet, si bien que ces malheureux machinistes en sont restés muets longtemps. La mesure a paru si forte que le *National* lui-même, un des *satisfaits* de l'époque, on devait le croire du moins, s'en est alarmé sérieusement. Son ballon d'essai n'a pas réussi : la tentative, il est vrai, n'a pas été soutenue par *les frères et amis ;*

mais elle n'a pas échappé à mon attention. Signe du temps! Celui-ci m'a paru digne d'être noté : je le tenais en réserve; et le moment est venu pour moi de le mettre en lumière.

II.

C'est l'*Écho du peuple*, de la Haute-Marne, du 19 août 1848 qui m'a fait connaître l'article du *National*, auquel je viens de faire allusion. Voici du moins le passage qu'il en donne, comme extrait d'un des derniers numéros de ce journal.

« La philosophie critique, dit le *National*, qui a présidé à notre révolution, n'a renversé l'ordre ancien qu'en attribuant *provisoirement* à chacun une capacité égale dans la direction des affaires sociales. Cela était indispensable, car il fallait dénier absolument toute compétence aux classes qui tenaient le gouvernement et qui ne se seraient servies de l'autorité que pour conserver et restaurer ce qu'il s'agissait justement de détruire; il fallait en même temps attribuer cette compétence à ceux qui étaient particulièrement destinés à faire prévaloir les idées nouvelles. *Mais il est évident qu'il y a là une réforme à faire.* Quand il sera reconnu que la société est *un phénomène naturel,* ayant au même titre que tous les autres ses lois d'existence, et que la connaissance de ces lois ou sciences locales est la science la plus compliquée, la plus difficile, et exigeant la préparation intellectuelle et morale la plus étendue, on verra le bon sens populaire renoncer spontanément à *des attributions transitoires,* et s'en remettre ici, comme dans les autres cas scientifiques, à une élaboration dont les conditions, toujours soumises à son appréciation, ne seront jamais arbitraires. »

Comment trouvez-vous cette métaphysique et ces aspirations mielleuses au retrait d'une réforme à peine essayée et qu'on veut déjà remplacer par une autre ? N'y voyez-vous pas les contorsions d'un pénitent déçu dans ses espérances, et qui commence à se défier du bon sens du peuple? Et qu'on ne dise pas que cet article soit l'opinion isolée d'un rédacteur en vacances.

L'*Écho du peuple* ajoute avec raison : « Ces réflexions décèlent tout l'embarras du journal qui les a publiées. On aura peine à croire qu'elles émanent du *National,* qui passe pour écrire sous l'inspiration du ministère, puisque cinq de ses anciens rédacteurs étaient au pouvoir en ce moment, que le président de l'Assemblée était directeur de ce journal, et que le frère du chef du pouvoir exécutif était un des plus habiles collaborateurs de cette feuille. »

Nous comprenons cet embarras ; mais celui des promoteurs du fameux banquet n'avait pas été moins grand devant les dangers de leur entreprise, à l'approche du dénoûment.

Des défis avaient été échangés à la tribune entre MM. Duchatel et Duvergier de Hauranne, au sujet du banquet, l'un, déclarant qu'il aurait lieu, l'autre, affirmant que le gouvernement s'y opposerait par toutes les voies de droit. *L'honneur était engagé* des deux parts, au grand contentement du parti républicain qui se tenait en observation. La gravité de la situation n'échappait à personne, et l'intervention d'un tiers était devenue nécessaire *entre les parties.* Ce fut, dit-on, M. de Morny qui se chargea *d'arranger l'affaire.*

Si les notes que j'ai gardées sont justes, le *Constitutionnel* du 3 avril 1851 donne le procès-verbal d'une conférence tenue le 19 février 1848, entre *les témoins* du gouvernement et ceux de l'opposition. Je n'ai pas le *Constitutionnel* sous les yeux ; mais il est facile d'y recourir, et je puis dire au moins, d'après les souvenirs qui me sont restés du récit qu'on m'en a fait, comment l'affaire se serait passée.

Traduction libre de l'accord intervenu :

« L'opposition, ayant pris l'engagement de donner son banquet, s'y rendra pour la forme. Le gouvernement, de son côté, se présentera, dans la personne d'un commissaire de police et y mettra son *veto*. L'opposition se retirera, pour éviter un conflit, mais en protestant, dans les termes qu'il lui conviendra de choisir, et l'honneur de chacun sera satisfait. »

Les rôles étaient distribués dans ce sens aux personnages principaux de cette mise en scène parfaitement convenue, et qui n'a pu manquer d'être bien étudiée ; mais la pièce a été troublée, comme on a pu le voir, et le peuple qui n'avait pas été convoqué aux répétitions, s'est chargé du dénoûment.

Bel exemple des bienfaits du parlementarisme, entendu à la façon de ceux qui s'en instituent chez nous les professeurs autorisés !

Comment des hommes aussi considérables, aussi versés dans la connaissance pratique des affaires, et si admirables par leur talent, ont-ils pu se laisser dominer par de misérables questions de personnes, au point de se réduire à de telles extrémités, quand ils auraient pu être si utiles au pays, s'ils n'avaient eu en vue que ses intérêts ! Lisez l'inventaire dressé par M. Fernand Giraudeau[1]; comparez la grandeur des efforts à la stérilité des résultats. Triste bilan de déceptions, de contradictions, de palinodies, de transactions sans dignité, d'éloquence mal employée, de coups de caisse à la porte et de grands mots par la fenêtre, à l'adresse des passions! Beaucoup de mal après beaucoup de bruit! Montagne en couches de révolutions qui nous ramènent toujours au même point, c'est-à-dire aux premières nécessités de tout gouvernement, que ce gouvernement soit république ou monarchie! Pourquoi tant piétiner comme dans un manége et ne pas aller tout droit, comme on pourrait dire *aux affaires?* Est-ce que le peuple a besoin d'autre chose; et que peut-il avoir à gagner, par exemple, à toute cette phraséologie de centre droit, de centre gauche et de tiers parti? Rien, rien, rien.

Sunt verba et voces, prætereaque nihil.

III.

J'ai entendu dire à M. Villemain, quittant le pouvoir avec le ministère dont il faisait partie, après le rejet de la dotation du duc de Nemours : *Nous avons été étranglés par des muets entre deux portes.* On pourrait en dire autant du règne de Louis-Philippe, avec cette différence que ceux qui l'ont étranglé n'étaient pas des muets. C'étaient, au contraire, de très-habiles parleurs, autrement dit *parlementaires,* qui portaient le roi dans leur cœur et voulaient, à toute force, lui épargner la peine de gouverner.

1. *Nos mœurs politiques*, ouvrage déjà cité, et encore celui-ci du même auteur : *la Presse périodique de 1789 à 1867.*

Je n'emprunte aux faits que ce qui peut servir et le mieux servir au développement de ma thèse, et je les groupe aussi dans l'ordre qui me convient le mieux pour cela. C'est à ce point de vue que j'ai trouvé bon de faire contraster l'avénement du règne de Louis-Philippe avec le mouvement révolutionnaire qui en a marqué la fin. Ce dénoûment si brusque ne m'a point surpris; je n'ai eu qu'à l'enregistrer comme une conséquence forcée et même annoncée par moi des principes posés par la coalition parlementaire de 1839.

Les hommes de cette coalition, si dévoués en apparence au roi, qu'ils trouvaient ses ministres *insuffisants* et leur disputaient l'honneur de le mieux *couvrir*, ont si bien manœuvré qu'ils sont venus à bout de faire contre lui, ce que n'avaient pu faire jusque-là plusieurs émeutes graves et cinq attentats dirigés contre sa personne. Oh! parlementarisme, voilà de tes coups! *Quæque ipse miserrima vidi!...* Je n'ajoute pas : *Et quorum pars,* attendu que je n'étais pas de la partie, ou du moins, que je n'y tenais pas les mêmes cartes.

Ce sont là, véritablement, des choses qu'il faut avoir vues pour y croire; et je ne les ai que trop vues, pour mon instruction, comme député, sous trois législatures et pendant sept longues sessions, de 1837 à 1843, inclusivement. J'en ai rendu compte à mes commettants dans plusieurs écrits publiés de 1838 à 1842, et j'ai eu lieu, depuis, d'y revenir encore à un point de vue plus général[1].

La théorie du gouvernement parlementaire ou *du régime disciplinaire à l'anglaise* a été très-perfectionnée sous le règne de Louis-Philippe, grâce à M. Duvergier de Hauranne qui s'en était fait le métaphysicien. La répu-

1. FRANC.-GAULOISES. *Aperçus rétrospectifs*, t. I, pages 117-124.

blique de 1848 a eu d'autres soins : ses assemblées n'ont pas eu le temps de se *discipliner*. Le second Empire s'était montré peu favorable, en principe, à cette espèce de gouvernement ; mais il y a été amené de force ; et puisqu'on en est toujours infatué, c'est une raison de plus pour moi de rappeler en peu de mots la situation qui était faite aux députés, voici comment les choses se passaient :

Tout député, nouveau venu dans la Chambre, était mis en demeure de *se classer*, c'est-à-dire de choisir entre les bancs du centre droit, du centre gauche, ou de la gauche, à moins qu'il ne fût dévolu d'avance à l'extrême droite ou à l'extrême gauche. Une fois bien assis, rien de plus simple : il était tenu d'obéir à un mot d'ordre, et réduit par cela même, *ipso facto*, à l'état de mannequin politique ou de simple machine à voter. Cela revenait à dire, en d'autres termes : êtes-vous pour ou contre le ministère ? Si oui, vous deviez toujours voter pour lui, sinon, toujours contre. Il est à remarquer toutefois qu'on était plus libre dans le camp ministériel que dans celui de l'opposition : celle-ci ne pardonnait pas la plus légère infraction à la discipline, tandis que le ministère passait, sans trop de rancune, à ceux qui le soutenaient habituellement, la liberté de ne pas la suivre en tout. Je ne dis ici que ce que j'ai vu et bien vu ; et je le dis dans une situation d'esprit parfaitement libre et dégagée de tout intérêt.

Il suit de là que, sous le gouvernement de Louis-Philippe, un député ne pouvait être libre autrement que dans les conditions d'un isolement complet bien difficile à garder. Les chefs des trois grandes fractions de l'Assemblée, prêchaient, chacun de leur côté, la plus rigoureuse discipline, et n'étaient complétement d'accord que là-dessus. M. Dupin, le seul avocat de la Chambre qui s'en soit affranchi, a pu en être le président, mais n'a jamais pu être ministre.

Je conçois parfaitement que ce régime convienne au tempérament de ceux qui ne se croient grands qu'à la condition de renverser tout ordre établi; mais je ne comprends pas bien le goût que pouvait y avoir une certaine classe de parlementaires, qui se disait conservatrice. Il est vrai que les hommes de cette classe, qui ont poussé aux révolutions de 1830 et de 1848, ont brillé d'un éclat plus doux que ceux de 89 et années suivantes, et n'ont pas eu, très-heureusement, le sort des Girondins; mais les faits nous disent assez que le gouvernement parlementaire, entendu comme il l'a été par M. Duvergier de Hauranne, est une machine à engrenage où passeront, non-seulement tous les gouvernements, mais encore derrière eux, tous les hommes qui en auront accepté le principe.

Avez-vous déjà vu chez nous l'opposition disciplinée faire grâce à un seul gouvernement? Jamais, car, à dater du jour où elle aurait eu cette distraction, elle aurait perdu tout son prestige. Telle est, en effet, sa raison d'être ou la condition de l'existence qu'elle s'est faite à elle-même aux yeux de la nation, qu'elle est rivée, par une loi fatale, à la nécessité d'une négation perpétuelle. Étrange contradiction! L'opposition nous prêche la liberté dans des conditions telles que ceux qui en font partie doivent commencer par aliéner la leur, et qu'aucun homme, une fois compté dans ses rangs, n'a pu en sortir impunément : les exemples ne me manqueraient pas. Je n'invente rien; je me retranche ici dans ma qualité ordinaire de simple rapporteur; et tous ceux qui se donneront la peine d'observer de près les mœurs et les errements de l'opposition pourront en juger comme moi, si tant est que la France ait le temps de se reconnaître et de s'arrêter dans cette voie qui conduit aux abîmes, avant d'en avoir encore une fois, touché le fond.

Je sais bien qu'il y aura toujours des partis, car on ne peut faire que les hommes ne se coalisent pas dans un intérêt, licite ou non, qui peut leur sembler commun, pas plus qu'on ne peut empêcher les filous *d'être en troupe.* L'impartialité est peut-être ce qu'il y a de plus rare au monde; et ce serait une naïveté trop grande de faire fond sur elle, en politique surtout. Qu'il y ait sur ce terrain des partis et des coteries, rien de plus inévitable et de moins étonnant; mais de ce que le fait soit inévitable, il ne s'ensuit pas qu'on doive lui donner l'appui d'une théorie. Ce dont je me plains ici, ce n'est pas de l'esprit de parti, je ne m'en donnerais pas la peine, mais de la doctrine qui le met en principe et même en honneur. Il est dangereux surtout de faire passer dans la langue une telle violation de la conscience humaine.

IV.

Les légistes ont de beaux et grands côtés qui ne sont pas en cause ici; mais ils ont aussi leurs faiblesses, et la plus commune est celle de l'esprit de domination qui tient à la robe et à l'espèce de supériorité que les habitudes de la parole et la science du droit écrit peuvent leur assurer dans toutes les occasions propres à mettre ces mérites en relief. Ce serait une bien longue histoire que celle de leur action bonne ou mauvaise dans le gouvernement. Je n'ai pu en donner qu'un bien faible aperçu. M. Duvergier de Hauranne, qui a entrepris cette tâche, a dû peindre la chose en beau, s'il m'est permis d'en juger par la part active qu'il a prise à la coalition de 1839 et le rôle important qu'il y a joué.

M. de Cormenin jugeant, sous le pseudonyme de Timon, les orateurs de la Chambre, a dit de M. Duvergier de Hauranne : « Doctrinaire subtil, aigu, qui, par entêtement de faux système, plutôt que par mauvais penchant de nature, se porterait aux dernières extrémités politiques. Avec cela (tant l'homme parlementaire est un être de contradiction), les mœurs les plus douces et les plus polies. » — Rien de plus vrai.

Le dictionnaire de M. Vapereau nous apprend que M. Duvergier de Hauranne, fils d'un député dont il suivait probablement les doctrines, n'eut pas plutôt terminé ses études, qu'il se rendit en Angleterre où il passa un an. Tout annonce qu'il y apportait surtout l'intention de s'initier aux traditions du parlementarisme; et nous remarquons, en effet, que l'effort de toute sa vie a été de les transplanter chez nous. Grande illusion d'optique ! Il n'y a pas d'assimilation raisonnable à établir entre la France et l'Angleterre, au point de vue des conditions pratiques du gouvernement.

La constitution sociale des deux pays diffère essentiellement. Le sol, en Angleterre, est possédé, pour ainsi dire exclusivement, par une puissante aristocratie qui se perpétue, sous la protection du droit d'aînesse, et qui, par la force des choses, est devenue à elle seule tout le gouvernement. La monarchie n'y est que nominale; et sous ce rapport, il y a plus de convenance peut-être ou de fortuité heureuse à ce que le trône soit occupé par une femme que par un homme.

Quant au peuple proprement dit, quel que soit son sort, il est demeuré national et fier d'un gouvernement qui flatte son orgueil, en lui donnant toutes les libertés politiques possibles, et en ouvrant à son activité le monde entier; mais derrière tout cela, dans les coulisses de cette grande scène dont l'aristocratie tient les fils, que de misères et d'abrutissement, que de plaies toujours saignantes et de sourdes protestations de plus en plus menaçantes[1]. On comprend que l'aristocratie anglaise, intéressée au maintien de cet état de choses, établi primitivement sur le droit du plus fort, et qui peut sembler contre nature, ait besoin, pour me servir ici des expressions de M. Duvergier de Hauranne, de majorités *factices* et même *systématiques, bien disciplinées,* prêtes à dire au besoin *que le blanc est noir et que le noir est blanc*, ce qui est à ses yeux le beau idéal du gouvernement représentatif; mais nous n'en sommes pas là, Dieu merci.

C'est tout le contraire en France où, à part quelques grandes propriétés, toujours menacées par nos lois de succession, le sol est tellement morcelé qu'il ne peut plus guère être avantageusement possédé que par ceux qui le cultivent eux-mêmes. Aussi, n'appartient-il déjà plus qu'au peuple, dans la plus grande partie de la France. Il y a encore des nobles chez nous ; mais il n'y a plus d'aristocratie. La féodalité a disparu, pressée entre le peuple et la royauté qui tendaient à se rapprocher de plus en plus. Nous avons des prétendants, mais nous n'avons point de partis politiquement constitués, comme en Angleterre; et n'en déplaise à M. Duvergier de Hauranne, nous n'avons à subir aucune des tristes nécessités du gouvernement de cette nation. L'aristo-

1. FRANC.-GAULOISES. London. Tome II, pages 69-92.

cratie anglaise est sur la défensive; elle a des intérêts à sauvegarder qui ne sont pas ceux du peuple; elle durera tant qu'elle pourra; mais elle ne vit que de priviléges et répugne au principe d'égalité qui était dans nos mœurs avant d'être entré dans nos lois. La France est dans les voies du droit naturel ou de l'avenir qui attend toutes les nations, l'Angleterre est restée dans celles du passé fondées sur la conquête, ou, comme je l'ai dit, sur le droit du plus fort.

Ceci peut nous aider à comprendre pourquoi le gouvernement de l'Angleterre est aristocratique et celui de la France monarchique. Il y a cette différence essentielle entre les deux principes que l'aristocratie, comme être collectif, est protégée par une sorte d'anonyme qui atténue sa responsabilité et qui la conduit, surtout au dehors, à beaucoup de violences et d'attentats qu'une monarchie constitutionnelle ne se permettrait pas. Ce que je dis du principe aristocratique peut se dire également du principe républicain. Une république peut faire, dans certains cas, ce que n'oserait pas faire une monarchie. Louis-Philippe, par exemple, a reconnu qu'il aurait faibli devant les tristes nécessités qui n'ont pas été déclinées par le général Cavaignac, dans les journées de juin.

La France, considérée dans son passé comme dans son présent, ne pourrait que gagner à toutes les comparaisons qu'on voudrait établir entre ses institutions et celles des autres peuples; il n'en est pas de mieux préparée, par sa constitution sociale, à toutes les conséquences du principe de l'égalité civile et politique.

A quoi tient-il cependant que nos institutions, si bien gardées dans l'âme du peuple et si dignes d'être défendues, comme elles l'ont toujours été, comme elles le sont encore aujourd'hui par la grande majorité de la nation, le soient si peu dans la presse à la mode, et que nos *gentilshommes de lettres* semblent avoir pris à tâche de nous en faire perdre le respect? Aveuglement d'autant plus triste à noter, qu'on est généralement d'accord à reconnaître que la plus grande force de l'Angleterre et sa véritable supériorité sur nous est dans le respect de ses institutions, tout informes et surannées qu'elles soient!

V.

Dans l'état actuel de notre organisation sociale, civile et politique, établie sur l'abolition de tous les priviléges et sur le principe du suffrage universel, il est évident que l'opposition *systématique* n'a aucune raison d'être, à moins de s'avouer révolutionnaire et de déclarer qu'elle en veut à la tête même de tout gouvernement, quel qu'il soit.

L'esprit d'opposition et de parti que j'ai vu à l'œuvre est le plus grand dissolvant non-seulement de tout gouvernement, mais de toute morale et de toute société, dissolvant d'autant plus dangereux qu'on l'érige en vertu, et que *la fidélité à son parti* peut servir d'excuse aux plus grandes erreurs, aux plus grandes fautes et même aux plus grands crimes. L'histoire en dépose: il n'est pas de partis qui soient restés purs, et que leur succès même ne laisse affaiblis ou compromis. Toute assemblée qui joue aux partis, même dans les temps les plus calmes, est sur une mauvaise pente. La moindre chose est qu'un homme d'un esprit droit et honnête y soit considéré comme un *niais*, comme un homme *à rayer des listes et sur lequel on ne peut pas compter :* mots consacrés.

M. Émile de Girardin a dit avec une haute raison :

« En politique, l'indépendance, la modération et l'impartialité sont la condamnation à l'isolement.

« En politique, on ne s'affiche que par le dévouement, l'exaltation et l'esprit d'exclusion.

« En politique, tous les hommes suspects de bonne foi sont tenus en quarantaine perpétuelle par les coteries, tant elles ont peur de la contagion qui les atteindrait. »

Condamnation à l'isolement!... Serait-ce un malheur si grand qu'on dût, pour y échapper, renoncer à son indépendance et se faire homme de coterie? M. Émile de Girardin ne nous laisse pas, en effet, d'autre alternative. Avait-il ici en vue le régime parlementaire considéré dans les applications qui en ont été faites chez nous? Je le crois; mais le passage que je viens de citer serait plus juste dans les termes s'il allait tout droit à la condamnation de l'esprit de parti né de ce régime, attendu que la politique n'exclut pas nécessairement, comme le donnerait à penser M. Émile de Girardin, *l'impartialité, la bonne foi, l'indépendance* et *la modération*. Ce qui est vrai en principe n'est pas impossible en fait; et s'il en est ainsi, pourquoi M. Émile de Girardin s'arrête-t-il en chemin? Pourquoi tant d'hommes politiques pensent-ils comme lui, sans oser le dire; et pourquoi enfin ceux qui le disent sont-ils si peu écoutés?

Quoi qu'il en soit, j'ai mis à profit l'espèce de régime cellulaire auquel je m'étais astreint pour chercher si par hasard il y aurait dans la Chambre, au temps où j'y étais, quelques députés plus ou moins affranchis du préjugé que je combats. C'est tout au plus si j'en ai trouvé cinq ou six, y compris M. Dupin. C'était chez lui une doctrine bien arrêtée, peut-être aussi une vertu de tempérament : *Chacun chez soi*, disait-il, *à chacun son droit.*

Voici, à l'appui de ce principe, les manifestations que j'ai pu recueillir avant, pendant et après mon passage à la Chambre.

M. Mahul, ancien député, très-partisan de la discipline en général et de la subordination des fonctionnaires de l'ordre politique en particulier, fonctionnaires qu'il appelait *la chair de la chair et les os des os du ministère,* ayant dit un jour à la tribune, après avoir soutenu le droit du ministère contre eux : *C'est ainsi que les choses se passent en Angleterre*, plusieurs voix lui répondaient, en l'interrompant : *Nous ne sommes pas en Angleterre.*

M. de Tracy : « Je ne sais ce que c'est que ce système emprunté à l'Angleterre, qui divise la nation en deux camps, le ministère et l'opposition. »

M. Étienne : « Malheur à un pouvoir qui ferait dégénérer un système en une sorte d'idée fixe! Les majorités comme les oppositions systématiques sont ce qu'il y a au monde de plus immoral et de plus dangereux. Les majorités systématiques sont des majorités factices ou des majorités corrompues. Jamais elles ne s'acclimateront en France. C'est une de ces vieilles idées anglaises qui ne sont plus de notre temps. » (Séance du 6 décembre 1834.)

M. Sauzet : « Point d'hostilité ni de condescendance; et si ce langage noble et sincère vous suffit, vaquons chacun de notre côté, aux affaires du pays. » (Séance du 17 décembre 1834.)

M. de Lamartine annonçait très-éloquemment la chute des partis, dès l'année 1835; c'était trop tôt, mais c'est dire assez qu'il la désirait.

M. Pagès (de l'Ariége) : « C'est au nom de l'honneur français, au nom de la conscience, que je repousse ce titre de parti. Malheur et honte à des ministres qui, parti eux-mêmes, auraient besoin de s'appuyer sur un parti. Dès ce jour, le gouvernement représentatif aurait cessé d'exister. — La France est lasse des partis qui la dominent : tous ont irrité les haines, tous ont tenté la Providence, tous ont excité des révolutions, tous ont fait retentir l'abîme. Députés du pays, restez libres et indépendants, n'ayez de guide que vous-même, de frein que votre indépendance. » (Séance du 29 avril 1835.)

M. Guizot lui-même, tout partisan qu'il fût du système anglais, a loué Washington de s'être tenu en dehors et au-dessus des partis.

Le *Journal des Débats,* qui paraît, en ce moment, si réjoui de la résurrection du régime parlementaire, *à l'anglaise,* bien entendu, ne s'est-il pas un jour oublié (10 janvier 1840), jusqu'à nous dire, en combattant MM. Passy et Desmousseaux de Givré qui voulaient diviser la Chambre en deux camps systématiquement opposés : « Quand même M. Passy y mettrait toute sa bonne volonté, ferait-il qu'il y eût en France, comme en Angleterre, de grands intérêts aristocratiques opposés aux intérêts populaires? »

On me pardonnera d'avoir tenu à réunir ici tout ce que j'ai pu trouver de favorable à l'opinion que je défends. Plus cette opinion est en défaveur au sein de nos assemblées, plus il importait de montrer qu'elle n'y est pourtant pas tout à fait isolée. Je puis d'ailleurs ajouter que, si l'opposition *systématique* et les majorités de gouvernement, *bien disciplinées,* sont en honneur à la Chambre, il n'en est pas de même au dehors, et que cette doctrine, bien expliquée, répugne à tous les esprits droits jusqu'au point de paraître incroyable.

Alphonse Karr a très-spirituellement attaqué l'esprit de parti; mais la presse ne l'a pas soutenu. « Il n'y a pas, disait-il, en France, un seul journal qui osât imprimer mon petit livre[1]. » Le petit livre n'en a pas moins fait son chemin dans l'opinion.

« Quoi, disait Alfred de Musset, parmi tant d'hommes assemblés, ayant cœur et tête, puissance et parole, pas un qui ne se lève et dise simplement : je ne suis ni pour ni contre personne, mais pour le bien. Voilà ce que je blâme et ce que j'approuve, ma pensée, mes motifs; examinez![2] » — Ce n'est pas la seule preuve d'indépendance d'esprit qui ait été donnée par Alfred de Musset, car il ne s'est pas moins moqué du romantisme[3] que du parlementarisme. Il est d'ailleurs évident qu'il aurait parlé dans le désert, à la Chambre où, par la grâce de l'esprit de parti, rien n'est plus dépaysé que le bon sens uni à l'honnêteté.

A quoi tient-il qu'un *enfant du siècle,* enfant perdu dans la politique, ait été ici plus sage que M. Duvergier de Hauranne? C'est qu'il était en dehors des systèmes et des engagements de parti, et que, tout entraîné qu'il fût par les passions qui se disputaient son âme, il avait au moins conservé l'indépendance et la droiture naturelle de son esprit.

1. *Les Guêpes.*
2. *Lettres d'un habitant de la Ferté-sous-Jouarre.*
3. Sous les pseudonymes de Dupuis et Cotonet.

Les citations que je viens de rassembler me mettent sur la voie des moralités pratiques à en tirer pour notre instruction; et le moment est venu pour moi de le faire en deux mots.

CONCLUSION

Le parlementarisme, *à l'anglaise,* inauguré par les doctrinaires de la Restauration, et perfectionné sous le règne de Louis-Philippe, n'était autre chose que l'incarnation du gouvernement dans la personne de deux ou trois chefs de parti, de telle sorte que des trois pouvoirs établis par la Constitution, il n'en restait pas même un. Il est évident que cette espèce de régime est une altération grave du gouvernement *représentatif* à sa source, et que la prétendue *sincérité,* qu'on affecte d'y chercher, n'est qu'un mot sans aucune espèce de rapport avec le sens vrai que tout le monde attache à l'idée de sincérité.

Je veux bien accorder, si on y tient, qu'un député connu pour être hostile au principe même du gouvernement, et qui s'est présenté comme tel aux suffrages de ses concitoyens, puisse être dit *sincère,* en cherchant à le renverser par tous les moyens, même les plus mauvais ; je laisse à juger cette sincérité qui m'embarrasse en morale et que je ne conteste pas en logique ; mais qu'un député qui se disait *dynastique,* au temps de Louis-Philippe, soit entré *systématiquement* dans les mêmes eaux troubles, au mépris même de la constitution, la sincérité

4.

ne m'apparaît ici sous aucun rapport : il n'y a pas deux sincérités pas plus qu'il n'y a deux logiques et deux morales ; et M. Duvergier de Hauranne ne fera pas qu'il y en ait plus d'une de chaque espèce.

Quel est donc le devoir de tout député qui entend rester fidèle à son mandat? Rien de plus simple : aider le gouvernement à bien faire, et l'empêcher de mal faire, autant qu'il le peut, dans les conditions d'un contrôle efficace, et garder soigneusement, vis-à-vis de lui, comme vis-à-vis des partis, toute sa liberté.

Les parlementaires diront ici que, de cette manière, on n'aurait pas l'espèce de majorité qu'ils appellent *de gouvernement.* J'entends : la majorité qu'on aurait ne serait pas, sans doute, une majorité de parti, *systématique et bien disciplinée, factice* même, au besoin; mais elle serait une majorité *sincère,* et qui répondrait, d'une manière aussi vraie que possible, aux besoins et aux aspirations du pays; mais ceci, je le comprends, ne ferait pas le jeu des hommes de parti qui se disputent le pouvoir et qui, pour y arriver, ne se font aucun scrupule de tenir le gouvernement en échec, et quelquefois même de le mettre en péril. Tel était, en effet, le dernier mot du parlementarisme, entendu à la façon de nos doctrinaires. On était forcé d'en convenir, on en gémissait même quand la partie se gâtait ; mais la machine était si fortement montée que les députés, pris dans les engrenages, étaient impuissants pour en sortir ; et c'est ainsi que la situation, de plus en plus tendue, s'est dénouée par l'explosion de 1848, à la grande confusion des chauffeurs.

La leçon a-t-elle profité? Non, car en ce moment même, à la veille du retour annoncé d'un régime de liberté qui devrait nous donner enfin le *vrai* gouvernement *représentatif* encore attendu, je n'entends parler que de gouvernement *parlementaire*. On comprendra facilement qu'après une si éclatante démonstration des périls et de l'inanité de cette espèce de gouvernement, la tentation m'ait repris d'en dire encore une fois ma pensée. J'y tenais, aussi, je l'avoue, *pour le français*, car il est patent que, pour en venir à la violation des principes, les parlementaristes ont commencé par la falsification des mots. C'est à ce signe surtout qu'on peut reconnaître les sophistes; et ceux que j'attaque ici n'ont été, assurément, ni les moins déliés, ni les moins osés de notre temps, dans toutes les atteintes possibles à la langue et à l'honnêteté, bien qu'ils pussent passer pour honnêtes gens, ce qui était une séduction de plus. Je reconnais qu'il était difficile de ne pas s'y laisser prendre: une erreur est, en effet, d'autant plus contagieuse que les hommes qui la représentent sont plus recommandables, et que leur bonne foi semble ne pouvoir être suspectée. Je distingue et respecte dans ces hommes les qualités qui en ont placé plusieurs au rang des esprits les plus élevés de notre temps; mais le respect qui leur est dû en particulier ne peut s'étendre à une doctrine indigne d'eux, qui se condamne elle-même, et que leur autorité seule a pu faire passer dans l'opinion.

Décembre 1869.

P. S. — Juin 1871. — Si on me disait aujourd'hui : Voulez-vous une monarchie fondée sur les errements du gouvernement parlementaire en honneur sous la Restauration et sous le règne de Louis-Philippe, ou une république à la façon de celle des États-Unis? Je répondrais : j'aime mieux cette dernière forme, et je ne ferais en cela que répéter ce que j'écrivais, il y a trente ans, dans les termes suivants :

« Le gouvernement parlementaire, entendu comme il est formulé et pratiqué, serait le plus faux, le plus stérile et le plus révolutionnaire de tous les gouvernements, puisqu'en fait, au lieu de reposer sur trois pouvoirs, il reposerait, comme la Convention, sur un seul où s'agiteraient, sans contre-poids, les plus ardentes rivalités. Ce serait ainsi, quoique sous la forme monarchique, un gouvernement qui nous présenterait moins de garanties qu'une république pondérée, telle que celle des États-Unis, par exemple, où le principe des trois pouvoirs est admis et respecté. »

Cela veut dire, pour me servir ici des expressions de M. Thiers (discours du 8 juin 1871), que si nous devions passer les mers à la recherche d'un gouvernement, ce n'est pas *la Manche* que je passerais, mais *l'Atlantique,* et que j'aimerais mieux un président qui préside qu'un roi qui règne et ne gouverne pas. Nous ne pouvons d'ailleurs avoir à choisir aujourd'hui qu'entre la vraie république ou la vraie monarchie. Plus elles seront *vraies,* plus elles se ressembleront, car elles ne diffèrent nécessairement, comme le dit encore M. Thiers, que sur un seul point, celui de l'hérédité dans la représentation du pouvoir exécutif ou du renouvellement périodique de celui-ci.

A PROPOS DU MANIFESTE

DU COMTE DE CHAMBORD

A part quelques journaux dont le langage a été injurieux, la presse a été unanime dans l'hommage qu'elle a rendu au dernier manifeste du comte de Chambord; elle a compris la dignité de cet acte qui ressemble à un adieu, et qui a laissé dans les âmes un étonnement mêlé de respect. Serait-ce, en effet, comme on l'a dit, la fin de la vieille France, une sorte de rupture entre le passé et l'avenir de notre pays? Ce drapeau que Louis XVIII avait arboré, que Charles X a laissé tomber, ne serait-il plus qu'un suaire où le comte de Chambord, Henri V, aurait voulu s'envelopper? Serait-il vrai qu'il eût été bien réellement celui de Henri IV, et que le chef actuel de la maison de Bourbon fût engagé d'honneur à ne pas l'abandonner? Je ne sais; mais cette question qui pouvait sembler douteuse hier encore, a changé tout à coup de caractère; elle échappe à toute controverse historique et même politique[1]. On la dirait comme soulevée

1. Il suit de recherches commencées par M. Marius Sepet, dan la *Revue des questions historiques* (livraison du 1er juillet 1871), que, depuis la fin du XIe siècle, le drapeau de la France aurait été successivement rouge (*oriflamme ou bannière de Saint-Denis*), d'azur

de terre et emportée dans une région qui la dérobe à la vanité des jugements vulgaires. Je m'incline et ne discute plus. L'attitude des princes d'Orléans ne paraît pas moins digne, et ce n'est pas de leur côté que viendraient les empêchements au loyal essai d'une république : on hésite pourtant.

Singulière situation que la nôtre entre deux principes de gouvernement dont l'un semble mort, et dont l'autre n'a pu encore sembler viable ! Ne dirait-on pas que cette situation nous condamne à vivre entre les deux, comme si elle ne pouvait être dénouée sans danger, ni d'un côté ni de l'autre ?

Est-il vrai que la république soit, en effet, *ce qui nous divise le moins,* comme le disait M. Thiers, il y a déjà plus de vingt ans ? Les mots ont leur puissance, et celui-ci paraît avoir conservé la sienne : il y en a ici une raison de plus, c'est que nous sommes en république, et qu'il peut sembler plus *sage* d'y rester. Soit, à la condition que cette forme de gouvernement devienne pratique, acceptable, et qu'elle puisse rallier tous les hommes de bonne volonté qui mettent l'intérêt du pays, même au-dessus de leurs plus chères théories.

Ces hommes se trouveront-ils en nombre suffisant pour constituer, sur les débris de la vieille France monarchique, une majorité de gouvernement ? Toute la question est là, car autrement elle se poserait, non plus entre la république et la monarchie, mais entre la république et les utopies dites socialistes ou *communeuses ;* et nous voyons malheureusement que les hommes politiques de

ou bleu de ciel, et blanc, ces deux derniers fleurdelisés. Nous attendons la fin de ces intéressantes recherches, avec ou sans conclusion, puisque notre temps nous condamne à tout discuter, sans rien décider.

toutes les opinions ne s'entendent que sur un point, celui de l'affaiblissement du pouvoir ou du principe d'autorité.

N'a-t-on pas fait honneur à notre ancienne monarchie d'avoir au moins préparé l'unification de la France, et à la Révolution de l'avoir achevée? N'a-t-on pas longtemps offert à notre admiration cette centralisation des forces nationales et cette belle unité qui a été chez nous l'œuvre des siècles? A quoi tient-il qu'on n'en veuille plus, que le mot de *décentralisation* soit dans toutes les bouches, et que tous les partis semblent conjurés contre l'*État?* C'est encore une maladie à faire, espèce de gourme, une fausse direction de notre esprit public avec laquelle il faudra temporiser. M. Thiers et ses ministres auront à modérer cet entraînement que la période *autoritaire* du second empire a pu motiver, mais qui a perdu sa raison d'être : attendons. Le danger n'est pas grand du côté de la province ou des *ruraux,* puisqu'on appelle ainsi les braves gens qui ne sont pas *communeux;* mais il peut continuer de l'être à Paris et dans les grands centres de population qui veulent que l'État soit dans la Commune et non pas la Commune dans l'État.

La Commune, mot sinistre à jamais depuis 93, évoqué, pour la seconde fois, par Auguste Comte et M. Littré lui-même en 1848, et désavoué tardivement par ce dernier[1], mais que les survivants de ces deux révolutions n'ont cessé de tenir en réserve, et dont l'année 1871 devait enfin nous livrer tous les secrets!

Les souverains qui donnent leur attache à des guerres d'ambition, qui ne se font pas scrupule de mettre à ce

1. FRANC.-GAULOISES. *Une évolution de M. Littré.* Tome I, p. 235 et suivantes.

jeu le sang de leurs peuples, et qui trônent aujourd'hui sur tant de ruines accumulées, depuis que *les droits de l'homme* ont été mis à la place de la loi de Dieu, se tiendront-ils enfin pour assez avertis ? Pensent-ils être, en effet, les représentants de Dieu dont ils osent encore invoquer le nom, et croient-ils de bonne foi que leur humaine souveraineté puisse être longtemps respectée dans ces conditions, pendant que la république sociale est à leur porte, arguant contre eux d'un nouveau droit divin qu'elle est en train de s'arroger ?

Les rois, les empereurs et les présidents de toutes les républiques possibles après eux, les casuistes à leur dévotion, les doctrinaires à leur service, auront beau faire, ils ne feront pas qu'il n'y ait une loi de Dieu plus haute que leur droit du plus fort ou du plus habile; et puissent-ils enfin comprendre que rien n'est durable sans elle et que la meilleure politique est de s'y conformer !

Juillet 1871.

LE

PHILOSOPHISME

RÉVOLUTIONNAIRE

LE PHILOSOPHISME

RÉVOLUTIONNAIRE

EXPLICATION PRÉALABLE

Ceci a été écrit pendant la guerre, il y a plus de six mois, sous le coup de nos désastres, et quand Paris déjà, sans le savoir assez, n'était pas moins étreint par les ennemis du dedans que par ceux du dehors.

Notre esprit public a été tellement faussé par le philosophisme révolutionnaire que la France y aurait perdu jusqu'aux derniers restes de sa vitalité, si les suppôts de ce philosophisme avaient eu le temps d'achever leur œuvre de mort, avant l'heure des avertissements qui peuvent encore être salutaires. Ces avertissements suffiront-ils; et la France enfin réveillée, sauvée comme par miracle, entre deux écueils où elle a failli sombrer, reconnaitra-t-elle enfin sa route? Il est difficile de l'espérer, tant qu'elle continuera de sacrifier le sens droit qui lui est propre aux illusions du rationalisme, et d'associer l'idée de *progrès* à celle de *révolution*.

La France a toujours passé pour un pays de bon sens et de goût, par excellence. On était d'accord à lui décerner ces qualités dont sa littérature du XVIIe siècle a été la plus haute expression. Ces qualités ne sont pas perdues sans doute. On les retrouve encore dans la littérature du XVIIIe siècle et même dans celle du nôtre, à des traits qui peuvent sembler indélébiles, heureusement; mais si le genre d'esprit qui nous distingue est toujours vivant dans la nation, il faut bien reconnaître aussi qu'il y a subi de graves atteintes; et tel est notre aveuglement que nous semblons aujourd'hui mettre notre gloire à nous détruire nous-mêmes, en reniant toutes nos traditions.

Cette déviation, que j'appelle, de son vrai nom, *le philosophisme révolutionnaire,* est acceptée dans nos écoles sous le nom de *rationalisme,* et ce rationalisme lui-même qu'est-ce autre chose qu'un petit-fils de la déesse *Raison?*

Je rencontre ici M. Cousin et les hommes de son école qui, depuis plus d'un demi-siècle, ont exercé sur notre esprit public une si grande influence, et dont la principale erreur, origine de toutes les autres, a été de vouloir concilier, comme ils l'ont dit, le faux avec le vrai, le mal avec le bien, la révolution avec la tradition, sous le drapeau de *l'éclectisme.* C'est à ce point de rencontre que je vais avoir à discuter leurs doctrines dans les applications qu'ils en ont faites à la politique de notre pays. M. Cousin est de ces hommes, si communs de notre temps, qui ont eu des retours heureux, mais trop tard, ou incomplétement, et qui n'ont pu réparer entièrement le mal qu'ils ont fait.

Juin 1871.

LES BELLIGÉRANTS

Le philosophisme révolutionnaire a ses retranchements dans l'université; l'école normale en est la citadelle, et nos grandes institutions scientifiques en sont les corps avancés. Les belligérants de ce philosophisme, à la suite de M. Cousin, sont un peu partout, dans l'université qu'il a longtemps dominée; mais ils nous viennent surtout de l'école normale où les traditions de son enseignement se sont perpétuées jusqu'à la révolution de 1848.

A cette époque d'effondrement, le corps universitaire s'effraya, leva les mains au ciel; et ce fut, on s'en souvient, la grande époque des petits livres de la rue de Poitiers. Le général Cavaignac lui-même, honnête homme un peu démantelé, ne trouva rien de mieux à faire, en son désarroi, que de s'adresser à l'Institut, section des sciences morales et politiques, où siégeait M. Cousin qui répondit à son appel, un des premiers, par la réimpression hâtive, en format de poche, de la profession de foi du Vicaire savoyard, avec une préface républicaine. On oubliait que ce vicaire avait déjà servi dans les fêtes sans-culottides.

O Institut, réduit en de tels périls, à de telles berquinades? O philosophie officielle, où étais-tu?... La rue de Poitiers sombra complétement; et M. Cousin, qui commençait à se mortifier, devint peu à peu plus sérieux. Ceux qui ont gâté la société ne sont pas propres à la guérir; et ce n'était ni Rousseau, ni M. Cousin, qui pouvaient la sauver de son aveuglement; c'était la force matérielle à défaut de frein moral; et la philosophie, protégée momentanément par celle-ci, poursuivit en paix son œuvre de destruction. Je prie mes lecteurs universitaires de ne pas s'agiter; j'ai déjà rencontré leur étonnement, pour ne rien dire de plus; mais je suis ici pour dire ce que j'ai vu, comme je l'ai vu.

La philosophie, que l'université patronnait sous Louis-Philippe était correcte en apparence; elle avait même sa Théodicée; mais le second empire s'en défiait, comme le premier : c'est pourquoi M. Fortoul[1] imagina de la réduire à la logique. Inutile précaution! Le matérialisme était devenu scientifique et continuait sa propagande ailleurs. Le collége de France avait certaines franchises et les disputait pied à pied; l'école normale était devenue une pépinière de journalistes; elle avait ses entrées partout, chez les éditeurs à la mode et dans les feuilles les plus accréditées : le plus sûr moyen de se bien vendre était de savoir distiller le poison; les normaliens y excellaient; mais il n'étaient pas les seuls : une école de *raffinement*[2] s'était formée à côté d'eux, sous les auspices de M. Sainte-Beuve, école qui s'appelait *critique*[3], et qui

1. Alors ministre de l'instruction publique.

2. Mot trouvé par M. Renan.

3. C'est encore M. Renan qui a trouvé cette qualification tout à fait à sa convenance. L'école qui s'en prévaut, non sans outrecui-

leur ouvrait ses portes à deux battants. M. Renan, le sémite, et M. Littré, le positiviste, n'y étaient pas de trop. Le *Journal des Débats* et autres de même bord, acceptaient de toutes mains, pourvu qu'on y mît des formes. Il s'agissait ici beaucoup moins du fond sur lequel on était très-coulant, que de la note qui pouvait convenir au monde officiel et bourgeois. La philosophie de M. Cousin ne pouvait y gêner personne : on y trouvait tout ce qu'on voulait.

Parmi les noms les plus connus que l'agrégation universitaire et l'école normale, élèves, ou maîtres de conférences, ont fourni à la presse militante et à la philosophie, presque tous à l'une et à l'autre, plus ou moins, j'ai pu rassembler chronologiquement, par ancienneté d'âge, ceux qui suivent : Villemain, Cousin, Dubois, Damiron, Bautain, Jouffroy, Michelet, Géruzez, Saint-Marc Girardin, Charma, Garnier, Vitet, Génin, Quinet, Sainte-Beuve, Nisard, Vacherot, Franck, Berger, Duruy, Fortoul, Havet, Jacques, Ravaisson, Simon, Saisset, Bersot, Barni, Lévêque, Véra, Despois, Deschanel, Rigault, Renan, Janet, Morin, Caro, Assolant, Weiss, About, Taine, Sarcey, Prévôt-Paradol.

Certes, ce sont là des hommes de haute valeur, et qui ont cru, probablement, se vouer à la défense *du Vrai, du Beau, du Bien*. Ma critique en a déjà rencontré plus de moitié, pour en combattre les doctrines ou pour en invoquer l'autorité, mais il n'en est peut-être pas un qui n'ait pactisé, soit en philosophie, soit en politique ou en

dance, a été, dans mes FRANC.-GAULOISES et dans le *Complément nécessaire* qui les suit, avec une table des *noms cités*, le sujet d'un examen, *critique* aussi, et qui me semble très-suffisant, pour ce qu'elle vaut.

théories sociales, avec l'esprit révolutionnaire. Il en est même qui le font, non-seulement dans leurs livres, mais du haut de leurs chaires; et si le gouvernement s'avise d'y mettre son *veto*, le mot d'ordre est donné, sur toute la ligne des journaux à leur disposition, pour accuser ce pauvre gouvernement de porter atteinte à la *liberté de penser*, comme si cette liberté, que personne ne conteste, impliquait celle de trop parler. C'est le gouvernement qui a tort, évidemment : *souveraineté de la raison*, parbleu ! comme on dirait : *tarte à la crème!* Et l'autorité se tient pour battue. Qu'en pense l'université?

Prenons les choses en 1828 et 1829, à l'époque si brillante et si agitée, en même temps, des cours de M. Cousin, ci-devant volontaire royaliste : que se passait-il à côté? Le ministère Martignac, aussi libéral que possible alors, était renversé; le journal *le Globe*, prédestiné au saint-simonisme, était fondé par MM. Dubois et Pierre Leroux, avec la collaboration de M. Cousin et de ses amis, MM. Guizot, de Broglie, Duchatel, Vitet, Duvergier de Hauranne, Lerminier, Jouffroy, Damiron, Garnier, Sainte-Beuve, Armand Carrel. On instituait la société *Aide-toi, le ciel t'aidera*, qui ne s'est dissoute qu'après le renversement de la Restauration, comme si elle n'avait pas eu d'autre but; et M. Guizot ne dédaignait pas de s'y affilier. Que voyons-nous dix ans plus tard? Une coalition composée des mêmes hommes; et dix ans plus tard encore, une révolution amenée par les tenants des mêmes doctrines. Et ces hommes, pourtant, se posaient en conservateurs!

A quoi tient cette apparente contradiction dans les principes et dans les conséquences? Est-il besoin de le dire? On ne soutient le pouvoir qu'à la condition de s'en rendre maître; et comme chacun le veut à sa mesure, on ne s'entend bientôt plus que pour le détruire. Il est évident que le parlementarisme, inauguré par les doctrinaires de la Restauration, qui se sont perpétués sous Louis-Philippe et au delà, n'a été que la continuation du philosophisme révolutionnaire, établi lui-même sur la souveraineté de la raison.

Si l'élément qui se dit chez nous spiritualiste et conservateur en est là, que doit être celui qui se dit matérialiste et positiviste, et qui s'avoue franchement révolutionnaire? Nous l'avons dit assez ailleurs, et nous n'y reviendrons pas ici, devant de plus graves préoccupations.

Dans le moment même où j'écris ces lignes (27 octobre 1870), nous subissons les conséquences d'une longue erreur qui a faussé pour nous les conditions du gouvernement représentatif et qui rendant tout ministère durable impossible, a condamné tous les gouvernements de la France à ne vivre que d'expédients et de capitulations.

Pendant que les conservateurs ou soi-disant tels s'affaiblissaient dans les discussions oiseuses du parlementarisme, l'opposition de ces dernières années n'avait cessé de se montrer anti-catholique et même prussienne. Elle avait applaudi à l'œuvre de M. de Cavour qui préparait celle de M. de Bismark. Une sorte de fatalité qui ressemble à un châtiment, faisait coïncider une déclaration de guerre aveugle et comme surprise à l'esprit de vertige, avec l'abandon de Rome, abandon qui sera, pour le philosophisme révolutionnaire, une compensation plus que suffisante de notre abaissement; mais les Prussiens, qui profitent de nos fautes, ne nous font pas même la grâce d'en amnistier le principe. Écoutons le docteur

Stahl, professeur à l'université de Berlin, auteur d'un discours prononcé, il y a dix-huit ans, dans une réunion du culte dit *Évangélique,* et dont le roi de Prusse a voulu entendre la lecture.

UN MANIFESTE DE BERLIN

C'est à *l'Assemblée nationale* du 7 avril 1852 que j'emprunte le discours du docteur Stahl, ou plutôt les extraits qu'elle en donne ; et encore ne le ferais-je qu'en partie. Le docteur Stahl parle, par la fenêtre, à un roi qui songeait alors à s'agrandir aux dépens du Danemark, et à unifier l'Allemagne sous sa domination. Rien de plus habile, à tous les points de vue, que ce discours apologétique et préparatoire, en forme d'hommage à *l'infaillibilité* de Sa Majesté prussienne. *Le droit divin* du monarque y est posé, et le principe de la souveraineté du peuple, écarté. Je comprends : celui qui règne sur les âmes a bien aussi le droit de régner sur les corps. Et ce n'est pas que je me permette, entendons-nous bien, de trouver à redire au gouvernement prussien : chaque nation se gouverne comme elle l'entend, ce qui est très-bien, pourvu que les voisins n'aient pas trop à s'en plaindre.

Sous le bénéfice de ces réserves, je prie nos révolutionnaires de vouloir bien accorder un moment d'audience au docteur Stahl.

Qu'est-ce que la Révolution? Tel est le titre de son discours ; et c'est de la nôtre qu'il entend parler.

« Révolution veut-elle dire la violence exercée par le peuple contre l'autorité? Est-elle synonyme de rébellion Nullement. La révolution n'est pas un acte, mais un état continu, un nouvel ordre de choses. De tout temps, il y a eu des rébellions, des changements de dynastie, des renversements de constitutions; mais la révolution porte la griffe particulière et distinctive de notre époque...

« La révolution, c'est une doctrine politique dominant depuis 1789; c'est la fondation de l'État public sur la volonté de l'homme, au lieu de l'ordre divin...

« La révolution demande *la souveraineté du peuple,* dans le but d'établir, soit la république démocratique, soit une monarchie dans laquelle le roi est esclave du parlement, et le parlement esclave de l'opinion publique ou de la masse.

« La révolution demande *la liberté,* c'est-à-dire *le laisser-faire* en toutes choses..., la liberté illimitée de la parole, de l'enseignement, des cultes et du divorce.

« La révolution demande *la séparation de l'Église et de l'État.* Elle considère l'Église chrétienne comme une société privée, sans intérêt ni valeur pour la nation et pour l'État; elle demande, pour l'école du peuple, l'introduction de la religion naturelle à la place du christianisme.

« La révolution demande *une charte,* c'est-à-dire l'anéantissement de la constitution naturelle, historique, telle qu'elle s'est formée et développée durant des siècles, par les us et coutumes nationaux, afin de la remplacer par une nouvelle constitution faite d'un trait, en un acte, et dans le but d'abolir tous les droits antérieurs, excepté ceux contenus dans cette nouvelle charte, et uniquement parce qu'ils y sont.

« La révolution demande l'abolition de tous les

droits acquis, même ceux qui sont établis en faveur du peuple.

« La révolution demande enfin une nouvelle délimitation des États, selon les nationalités, contre le droit des gens.

« Ces demandes se présentent depuis 1789, sous différentes formes, tantôt d'une manière impérieuse, tantôt sous des formes soi-disant gouvernementales...

« La liberté politique qui miroite devant la révolution, comme un fruit savoureux, est un bien; mais le mal consiste en ce qu'elle a été convoitée par un ordre de choses reposant uniquement sur la volonté de l'homme, au lieu d'être conquise dans l'ordre basé sur la volonté divine. C'est pourquoi tous les biens qu'elle aurait pu produire se sont transformés en maux. On voulait une monarchie limitée par la loi, et la monarchie elle-même, cette sauvegarde de la liberté, disparut dans la lutte. On voulait le bon droit du bourgeois contre le noble, et on aboutit bien vite à la guerre du pauvre contre le propriétaire. On voulait la liberté de conscience, et au bout de quelque temps l'État devint athée...

« L'origine de la révolution se trouve dans la manière de penser qu'on appelle *rationalisme*. Le rationalisme est la même apparition dans le domaine religieux que la révolution dans le domaine politique. Le rationalisme, c'est l'émancipation humaine de Dieu, la sortie de l'homme de l'ordre de Dieu, pour vivre de soi. Il enseigne que l'homme n'a pas besoin de révélation, et que sa raison suffit...

« C'est du rationalisme qu'est sortie l'impertinence de la philosophie, tendant à chercher les dernières raisons de l'existence du monde dans la force humaine, voire à considérer *le tout* comme une simple émanation de la raison humaine, se développant, se complétant par le matérialisme et le panthéisme...

« Dans sa dialectique, le rationalisme peut se donner un semblant de croyance en Dieu et au christianisme, mais dans sa maturité, il reprend sa forme originelle : *la déification de l'homme*... Dès que le genre humain se déifie, il s'en faut peu qu'une individualité puissante, portée par le fanatisme des masses, ne se considère comme le représentant de la *déité* de ce même genre humain et n'exige son adoration...

« On ne ferme pas l'ère des révolutions par une charte constitutionnelle. Cette charte même est un morceau révolutionnaire. Les Français forgent des constitutions depuis 1789 ; mais la gueule béante de la révolution n'a pas été bouchée par ces tampons de papier.

« On ne ferme pas non plus la révolution par la force ou bien par l'Empire. L'Empire français, loin de détruire la révolution, l'a consolidée.

« Dans l'Empire, comme dans la République, les éléments naturels, créés et développés par Dieu, ont complétement manqué. Il n'y avait point de représentation nationale composée d'éléments historiques et populaires. Il n'y avait point de science libre. L'université de France, cette pépinière de savants incrédules, commandait à la science, et l'empereur commandait à l'université. Dans l'Empire comme dans la République, il n'y avait aucune idée de soumission morale, soit à un droit historique, soit à la religion... N'est-ce pas l'empereur qui a brisé le droit européen, qui a détruit tous les ouvrages de l'ordre divin, qui a méprisé tous les éléments de nationalité?...

« L'Empire, comme la République, est fondé sur la

volonté exclusive de l'homme... L'Empire était une autre phase de la révolution. Par *la terreur,* les puissances infernales avaient établi leur pouvoir; dans l'Empire, trônaient les puissances de la terre. Nul rayon céleste n'a éclairé ce règne... Le trait caractéristique de la révolution est l'adoration, la déification de l'homme. Dans la République, il fallait adorer le peuple; sous l'Empire on adorait le *divus imperator.* Ce fut un véritable retour vers le paganisme...

« Si la révolution était identique avec *l'anarchie,* Napoléon aurait fermé l'ère révolutionnaire; mais si révolution veut dire élévation d'un règne selon la volonté humaine contre l'ordre de Dieu, alors, loin d'avoir vaincu la révolution, il n'a été que son héros, son missionnaire...

« Il y a une puissance, il n'y a que cette puissance pour fermer l'ère des révolutions, c'est *le christianisme.* Le christianisme est l'extrême opposé au péché de la révolution, car il pose toute la vie humaine sur l'ordre divin. En outre, le christianisme satisfait pleinement toutes les exigences de la révolution... »

Suit la justification éloquente et très-motivée de cette conclusion; mais il y a, au commencement du discours, une phrase imperceptible, habilement glissée, comme en passant, qui en trahit la pensée politique et que je retiens ici, pour la fin :

« Est-on révolutionnaire pour désirer une alliance plus étroite des États allemands, ou bien une protection en faveur du Sleswig contre le Danemark?... Non!... La liberté politique, l'unité et la puissance des États allemands sont des lois conformes à l'ordre divin. »

Rien de plus contenu dans les termes et de mieux arrangé, sous la couverture du christianisme et du droit divin. Le roi de Prusse était, au surplus, bon entendeur; et nous voyons maintenant pourquoi l'Alsace et la Lorraine doivent appartenir *à l'union des États allemands.* Quant au docteur Stahl, il semble trop oublier ici que le principe du *libre examen,* qui est la base du protestantisme, a été, dans l'ordre religieux, la première forme du *rationalisme,* et par conséquent de *la révolution* elle-même qu'il affecte de blâmer chez nous. Son discours est vrai contre la révolution; mais il ne l'est pas moins contre le protestantisme, où il est admis que tout homme peut se faire sa religion.

Si le docteur Stahl avait voulu tout dire, il aurait pu remarquer, dès ce moment, que la révolution faisait déjà bon marché pour nous des traditions de Charlemagne, au point de vue national et religieux, tandis que l'Allemagne et l'Angleterre ont, de tout tems, si bien gardé contre nous celles de Luther et de Henri VIII.

FRATERNITÉ

DES GRANDES ERREURS

Libre examen, libre pensée, morale indépendante, souveraineté de la raison, quisque ipse deus, autant de formules, identiques au fond, et qui n'appartiennent pas moins au protestantisme qu'au rationalisme, à tel point qu'un grand nombre de protestants ne croient même plus à la divinité de Jésus-Christ, et sont devenus des rationalistes purs. Le protestantisme a enfanté, presque en naissant, la secte des Anabaptistes, espèce de *communistes*, qui ont couvert l'Allemagne de sang et de ruines, de même que la révolution française, établie définitivement sur le culte de la déesse *Raison*, a produit la conjuration des *Égaux* dont le chef a été Babeuf, et le rationalisme de nos jours, une foule de sectes arborant, sous différents noms, la même utopie.

Les rationalistes de l'université, fonctionnaires intallés par l'État, ne sont pas, sans doute, allés jusque-là, je le reconnais: nos gouvernements ne s'y seraient pas prêtés devant l'opinion ; la Convention elle-même, acclamée par M. Littré, comme initiatrice des doctrines socialistes, et dont *le positivisme* serait, suivant lui, *l'héritier direct,* a reculé devant ces doctrines, et les a désavouées dans sa constitution de l'an III[1].

Nos rationalistes officiels en sont donc à M. Cousin : prenons-les comme ils se donnent. En quoi diffèrent-ils essentiellement de la Convention ? N'ont-ils pas proclamé comme elle la souveraineté de la raison ? Ne sait-on pas qu'aux yeux du plus grand nombre d'entre eux toute religion devient indifférente et qu'on peut même s'en passer tout à fait ? Ne sont-ils pas d'avis qu'on peut se dire, très-décemment, matérialiste et athée ? La libre pensée, fille du libre examen, n'est-elle pas leur drapeau, même en plein collége de France et dans toutes nos grandes écoles ? Je demande alors en vertu de quelle logique ils seraient fondés à la proscrire dans les clubs où nous entendons prêcher, non-seulement l'abolition de toute religion, ce qui est accordé par eux, mais encore celle de la famille et de la propriété sans lesquelles aucune société, de l'aveu même de la Convention, ne peut vivre et n'a vécu jusqu'à présent ? Grand embarras, car ils tiennent à leur personnalité, d'abord, à ce qui leur est propre, ensuite, et même à la famille, quand ils en ont une. Cela ressemble fort à ce qu'ils appellent, dans leurs cours, *un cercle vicieux :* voyons-les tourner dedans.

Les rationalistes du XVIIIe siècle ont trouvé *la morale de l'intérêt* ; M. Émile de Girardin a broché là-dessus[2], très-cavalièrement ; M. Littré, le positiviste, a imaginé, dans le cerveau, certaines bosses des penchants *altruistes* dont il suffirait de faire l'éducation pendant sept années[3] ;

1. « C'est, dit-elle, sur le maintien des propriétés que reposent la culture des terres, toutes les productions, tout moyen de travail et tout l'ordre social. »

2. QUESTIONS PHILOSOPHIQUES. 1868.

3. FRANC.-GAULOISES, tome I, pages 223 et suivantes

M. Renan, qui se croit mieux avisé, trouve, comme Voltaire, que la religion est bonne pour le peuple, et *que la légende ne doit pas être bannie.* Voilà tout ce que les athées du rationalisme ont pu mettre à la place du christianisme! Il y faudrait mieux que cela.

Quant aux rationalistes non chrétiens, mais qui se posent en déistes, ils veulent bien trouver qu'il y a une loi de Dieu dans l'homme, bien qu'ils ne la croient pas révélée. C'est donc à défaut d'une révélation qu'ils se font les traducteurs ou les interprètes de cette loi : de là ces livres de *philosophie morale* et de *religion naturelle* qui n'ont aucune sanction pratique, et dont les clubs se riraient à bon droit, par cette raison, sensible à tout le monde, que la religion ne vient pas de l'homme. Même embarras, par conséquent pour les déistes que pour les athées, s'ils ne trouvaient pas, dans la force ou dans la gendarmerie des gouvernements, la protection dont ils ont besoin.

Mais cette force elle-même, ils la discutent, cette protection qui leur est si nécessaire, ils se réservent de la contrôler dans des conditions qui rendent la tâche des gouvernements bien difficile pour ne pas dire impossible. De même que les rationalistes nient Dieu, ou n'en font qu'un vain fantôme, de même ils nient jusqu'au principe d'autorité. Les gouvernements, même établis par eux, ne sont pour eux que des jouets qu'il leur est loisible de briser à leur fantaisie. Le parlementarisme, autrement dit pour le français, *le roi règne et ne gouverne pas*, comme on dirait : Dieu existe et n'a point à s'occuper de nous, et surtout le républicanisme encore plus avancé dans la négation de Dieu, sont pour cela de merveilleux instruments. M. Donoso Cortès a très-justement noté le rapport qui existe entre ces idées, dans ses discours des 4 janvier 1849 et 30 janvier 1850, très-remarqués alors, au lendemain du bouleversement de 1848, et qui n'atteignaient pas moins nos parlementaires que ceux d'Espagne.

Est-ce à dire que, sous les noms de parlementarisme et de républicanisme, j'entende condamner le gouvernement représentatif? Non : je n'attaque ici que le faux principe impliqué dans ces expressions. Ce faux principe est celui de la prépondérance qu'on a voulu attribuer à l'élément parlementaire sur le pouvoir exécutif qui a sa part aussi du pouvoir législatif et qui représente essentiellement la plus haute délégation de l'autorité. Il y a ici, comme je l'ai fait voir, une porte ouverte à toutes les embûches du rationalisme et de la sophistique; et nous savons déjà qu'aucun de nos gouvernements n'en a franchi le seuil impunément.

C'en est assez, je crois, pour achever de montrer que le principe de la souveraineté de la raison, dégagé de la philosophie par M. Cousin, n'est autre que celui de la révolution continué dans l'ordre politique et religieux, sous toutes les formes et par tous les chemins qui conduisent les peuples aux abîmes et les ambitieux à leur chute. Il n'y a en nous d'autre souveraineté légitime que celle du *Verbe* ou de la loi de Dieu qui, sans doute aussi, s'adresse à notre raison, mais qu'il faut chercher plus avant, dans les profondeurs de notre sens intime, c'est-à-dire dans la conscience.

Et ceci nous ramène à la langue de tout le monde ou du sens commun dont les ignorants sont plus près que les savants, et qui est un guide plus sûr que la raison. Qu'est-ce qui réunit le mieux tous les hommes, sinon ce qui est appelé *la voix*, le cri de la conscience? Mais cette voix, pour être entendue, doit être écoutée dans les conditions voulues par Dieu. Les passions, les vanités de l'esprit, les engagements de parti, ne peuvent que l'étouffer. C'est par ces mauvais chemins qu'on arrive se faire ce qu'on appelle *une fausse conscience,* et que les mieux intentionnés peuvent eux-mêmes s'égarer.

C'est à bon escient que je dis *s'égarer,* car j'ai toujours pensé que les hommes sont plus faillibles par l'esprit que par le cœur, et que les erreurs sont encore plus dangereuses que les passions. C'est pourquoi aussi, dans les grandes crises, et quand les *faux* sages qui les ont amenées, sont à bout d'expédients, *la voix du peuple* devient *la voix de Dieu;* mais les sentiments des faux sages eux-mêmes valent mieux que leurs idées, et tout retour à la lumière ne leur est pas fermé.

Je tiens donc à le dire avant de m'arrêter, je n'attaque ici *personne* en particulier, ni celui-ci, ni celui-là, ni gouvernement, ni nation, je ne m'en prends qu'aux *faux principes,* et les combats de mon mieux, partout où je les rencontre, avec toutes les armes nécessaires.

Si l'Allemagne s'est trouvée ici sur mon chemin, ce n'est pas ma faute, assurément. J'ai détesté la guerre qui lui a été déclarée, mais qu'elle avait provoquée. Les faits parlent d'ailleurs assez haut, sinon contre elle-même, au moins contre la politique de ses gouvernants, pour que ma critique ne puisse être assimilée à une récrimination de vaincu : je me tiens dans mon sujet. Tous les hommes sont frères et tous les peuples sont bons, quand leurs gouvernements ne les rendent pas mauvais. L'ambition de Napoléon Ier n'a pas moins pesé sur la France que sur l'Allemagne ; et celle-ci reconnaîtra tôt ou tard que la Prusse l'a entraînée trop loin, dans ses rancunes, en réagissant contre les traités de 1815, et en violant, contrairement au droit public européen, les frontières que ces traités nous avaient laissées. La France et l'Allemagne sont assez grandes pour ne rien avoir à s'envier; mais la fraternité des peuples est au prix de leur dignité.

LE RATIONALISME

DANS LA POLITIQUE

Le rationalisme, en action dans la politique, est le même au fond, dans toutes ses applications. Le principe en est dans la subordination des lois morales à nos convenances et à nos intérêts du moment, subordination *raisonnée*, selon le monde, au point de vue de cette morale de convention qui n'a d'autre frein que le code pénal ou l'opinion. L'école critique, issue du rationalisme, a trouvé ici des facilités toutes nouvelles[1], et le parlementarisme, *à l'anglaise*, a été une des formes de ce perfectionnement tout à fait digne de notre siècle.

Allez dire au peuple qu'il y a, quelque part, une assemblée d'hommes sérieux, dans laquelle on ne puisse être bien posé qu'à la condition d'y abjurer sa conscience et sa liberté, le peuple ne voudra pas le croire ou s'indignera : cela est pourtant, cela se produit tous les jours, aux applaudissements de ce même peuple fasciné par des sophistes.

1. Notamment le principe de l'*identité des contraires*, ébauché par M. Cousin.

Que voyons-nous ici ? Le rationalisme en guerre ouverte avec le *sens logique* et le *sens moral*, expressions les plus élevées de la conscience. — Auriez-vous, par hasard, oublié ce qui se passait en l'an de grâce 1839 ?

A cette époque, il existait une charte, instituant trois pouvoirs déclarés tous les trois législatifs, et dont l'un personnifiait en même temps le pouvoir exécutif. Admirons la transformation : pouvoir royal, *gouvernement personnel*; chambre des pairs, également frappée de suspicion, comme *inféodée* au roi qui la nommait ; chambre des députés, déclarée *prépondérante* pour ne pas dire *omnipotente*, et réduite en fait à trois principaux chefs de parti qui *dictaient* au roi le choix de ses ministres et *disciplinaient* les députés.

Les bons pères de la doctrine étaient d'ailleurs assez accommodants pour les pécheurs, à moins d'impénitence finale, et ne frappaient d'interdit, c'est-à-dire ne vouaient ces mêmes pécheurs aux dieux infernaux du journalisme à leur disposition qu'après avoir épuisé tous les moyens de miséricorde. Il y avait ici des formules toutes prêtes. On disait aux indisciplinés : *vous faites de la critique et non pas de l'action*; aux scrupuleux : *il faut savoir sacrifier l'accessoire au principal*; et notez bien que cet accessoire était la conscience.

Et si la majorité restait, par malheur, acquise au ministère, on la traitait de *servile*; on allait jusqu'au roi dont l'*inviolabilité* était pourtant écrite dans la charte ; et comme cela pouvait sembler fort à ceux qui respectaient encore un peu ce principe, on voulait bien se réduire à déclarer les ministres *insuffisants*, et par cela même *transparents*, ce qui exposait le roi, qu'on tenait surtout à *couvrir*, à être vu derrière eux. Rien de plus subtil en casuistique parlementaire et de plus raffiné dans l'art de donner des soufflets. Le roi n'était ici, évidemment qu'un *ecce homo*. Qui ne reconnaîtrait, dans ces doctrinaires, une espèce de nouveaux pharisiens? S'est-on jamais plus joué du VERBE; et que peut devenir une nation dont l'esprit public est ainsi faussé? La suite est connue. Je le demande maintenant: ce doctrinarisme est-il autre chose que l'étouffement de la conscience, une porte ouverte à toutes les impertinences de l'esprit humain?

D'autres sophistes sont venus, qui ont dit: Vous me chargez de vos affaires, apparemment parce que vous me supposez plus expert et plus capable que vous de les gérer? — Sans doute. — Eh bien, non, c'est vous qui les ferez: je suis votre mannequin, votre esclave; et c'est moi qui viendrai vous demander votre avis, *tous les jours*. — On a ramassé cette vieille loque de la révolution, portant la marque du *mandat impératif*, et on l'a traînée jusqu'à lassitude. Encore un sacrifice à la souveraineté de la raison, représentée ici par le peuple, et qui ressemble fort à un acte de courtisan, si je ne me trompe.

Qu'en pense le bon peuple de France? On lui avait dit qu'il était *libre*, depuis la révolution. Le peuple, qui est confiant, croyait pouvoir enfin vaquer tranquillement à ses affaires: eh bien, non; il y a de cela près d'un siècle; et le premier parlementaire ou gentilhomme de lettres venu va lui persuader qu'il doit descendre dans la rue, et que la besogne est encore à recommencer.

Les hommes qui font de ces choses ont besoin de se liguer. Nous voyons, en effet, qu'ils commencent par se faire une coterie et qu'ils finissent par avoir un parti. Les doctrinaires, dans l'origine, étaient en si petit nombre, qu'ils pouvaient, dit-on, tenir sur un canapé; mais peu d'années leur avaient suffi pour se faire une armée dans la presse et dans les assemblées. Les socialistes, autrement dit *positivistes*, dans la langue de M. Littré, s'en sont fait une aussi, plus formidable encore, au moins en apparence.

Un parti politique, hors des affaires, est fatalement condamné à l'*opposition systématique*, et par conséquent à l'emploi des plus mauvais moyens que cette disposition d'esprit comporte nécessairement. La même opposition se redresse aussitôt contre lui, quand il arrive au pouvoir; et la politique n'est bientôt plus que de la stratégie. Le ministère miné, contre-mine; et les journaux font leurs affaires, ce qui n'est pas peu dire.

Et de quel droit nos *doctrinaires* du parlementarisme, qui nous poussent à cela, viendraient-ils aujourd'hui désavouer les *solidaires* du socialisme ? Est-ce que ceux-ci font autre chose, et ne tirent pas les conséquences du même principe ? Est-ce que le rationalisme, une fois posé dans la philosophie contre la loi de Dieu, n'autorise pas toutes les violations de celle-ci, depuis la plus petite jusqu'à la plus grande ? Une pente est toujours une pente, et ne perd pas son nom, pour être plus ou moins déclive. Accordez-moi cette simple vérité, pour la fin de ce petit chapitre, et vous me l'aurez accordé tout entier.

Rationalistes, raisonneurs, ergoteurs, sophistes, doctrinaires de toute race, vous avez beau écraser de votre *dédain transcendant*[1] ceux qui sont restés peuple, avec les simples lumières de la conscience et du sens commun qui sont les vraies, votre empire, toujours fatal à

1. Expression de M. Renan.

ceux qui le subiront, ne sera jamais que celui d'un moment: flot sur flot. *Væ vobis Scribæ!* Cet anathème de Jésus-Christ qu'on ne saurait trop vous renvoyer, n'est pas, à mes yeux, la moindre preuve de sa divinité.

FAITS-PRINCIPES

LES TROIS POUVOIRS, LA CENTRALISATION ET AUTRES CARACTÈRES PRINCIPAUX DE NOTRE CONSTITUTION POLITIQUE ET SOCIALE

I.

Le rationalisme est, d'après la Genèse, aussi vieux que le premier homme, et se perpétuera probablement jusqu'au dernier. Ceux de notre temps m'ont servi de tels breuvages, qu'à un certain moment de ma vie, le vase d'amertume étant plein, je me suis pris tout à coup d'une grande inclination pour les bêtes : encore faut-il pour moi qu'elles soient jeunes ; et si c'était un petit chien de grande dame, y mettrais-je la condition qu'il n'eût assisté à aucune conférence.

M. Renan divise l'humanité en *parties simples* et en *parties cultivées*. C'est surtout depuis que je l'ai lu que j'ai bien compris toute la force du *Beati pauperes spiritu*, et que je me suis trouvé fier d'appartenir à la classe des *simples* qui sont les *droits*.

Un des passe-temps les plus ordinaires de tout rationaliste est de se moquer de la trinité divine ; il ne voit

6.

pas qu'il y en a une aussi dans le gouvernement qui le gouverne tant bien que mal, et même en lui, toute sotte et vaniteuse qu'elle y soit.

Pardon! N'avez-vous pas en vous *les passions,* pouvoir impulsif, *le raisonnement,* pouvoir délibératif, et *la volonté,* pouvoir exécutif; et n'êtes-vous pas un seul et même être dans ces trois pouvoirs?

Ceci nous aide à comprendre que l'homme ait été conduit, même sans le savoir, à réaliser dans le gouvernement des conditions analogues à celles qui le régissent comme individu, c'est-à-dire *trois pouvoirs ;* et qui ne reconnaîtrait ici une loi providentielle ?

Et de même que l'homme est un et doit être un, dans toutes les phases de sa vie propre, au milieu des circonstances qui peuvent contribuer à l'éducation de son esprit, de même une nation doit être une, identique avec elle-même, au sein de ses institutions, pour en profiter et les développer en les améliorant, s'il y a lieu.

Unité, identité, continuité, telles sont, en effet, les conditions vitales du perfectionnement des individus, comme de la force et de la prospérité des nations[1].

L'histoire tout entière, et l'étude de l'homme, à tous les points de vue que cette étude peut embrasser, nous conduisent à ces vérités ; la physiologie elle-même les offre à la philosophie ; et j'y ai trouvé, de bonne heure, la raison première et l'explication d'autres grands *faits*, devenus *principes* et qui ont même devancé la théorie, tels que *l'inviolabilité, l'hérédité, l'inamovibilité, l'autorité du dernier ressort,* et jusqu'à *l'infaillibilité*[2], attribuées aux pouvoirs souverains.

1. FRANC.-GAULOISES, tome I, p. 114.
2. *Ibidem,* p. 101-103.

Ces principes ont été, dans l'origine, plutôt de sentiment que de raisonnement: celui-ci n'a pu même que les gâter. C'est à tort, par exemple, que nos parlementaires ont voulu subordonner l'inviolabilité à l'irresponsabilité. De ce qu'un souverain soit déclaré inviolable, il n'en reste pas moins responsable dans la personne de ses ministres, et justiciable de la nation : cela veut dire seulement que sa responsabilité ne peut entraîner sa déchéance, à moins de violation du pacte fondamental ; et si nous ne fermons pas les yeux, nous voyons que sa tâche est encore assez difficile.

La confusion d'idées, que je signale ici, sert à nous expliquer pourquoi l'inviolabilité qui a toujours été la base des institutions monarchiques, a été sapée dans nos temps de rationalisme et présentée comme une vaine fiction, sous le prétexte spécieux de la solidarité qui existe entre le chef du pouvoir exécutif et ses agents : logique étroite et condamnée par une longue tradition qui n'étend pas au delà de ceux-ci la responsabilité de fait, au point de vue d'un intérêt plus haut, celui de la stabilité du gouvernement. Je ne vois d'ailleurs ici rien de *fictif*; et l'histoire nous dit assez que, pour être en dehors et au-dessus des vicissitudes ministérielles, les souverains n'en demeurent pas moins très-responsables de leur politique, aussi bien de leur vivant qu'au tribunal de la postérité.

Mais dira-t-on encore: à quoi bon maintenir dans les constitutions un principe qui n'est plus respecté? Mauvaise raison: tant pis pour les nations qui ne le respectent pas, et qui s'en trouvent le plus souvent fort mal. Il est bien entendu que ces réflexions s'appliquent, dans ma pensée, non pas à des gouvernements d'aventure, mais à des souverainetés consacrées par le temps.

Aristote qui avait analysé cent cinquante-huit constitutions, et qui cherchait les principes dans les faits, admettait trois gouvernements : *la royauté, l'aristocratie* et *la république ;* il appelait *tyrannie, oligarchie* et *démagogie,* les formes dégénérées de ces gouvernements. On a remarqué que sa *vraie république*, établie sur les classes moyennes, avait beaucoup de rapport avec les gouvernements dont les chartes de 1814 et de 1830 ont été l'expression. Ce philosophe, en cela bien différent de nos parlementaires, tout païen qu'il était, cherche les principes de tout bon gouvernement, dans les lois de notre nature, et fait de la politique une dépendance de la morale : on n'est pas plus arriéré.

Si nous suivons l'histoire après lui, nous y rencontrons la république romaine avec ses trois pouvoirs : le peuple en action dans ses comices et par ses tribuns, le sénat, les consuls, ceux-ci représentant particulièrement le pouvoir exécutif, et pouvant devenir, au besoin, des dictateurs.

La civilisation, née du christianisme, insensiblement dégagée du pouvoir féodal et monarchique absolu, se présente aujourd'hui sous les formes du gouvernement dit *représentatif* ou *constitutionnel,* avec la tradition des *trois pouvoirs.* Exemples principaux : l'Angleterre, aristocratique en réalité, quoique sous les apparences d'une monarchie ; la France, monarchique et démocratique à la fois ; l'Amérique, républicaine. Ajoutons qu'il n'y a d'autre différence essentielle, entre les monarchies et les républiques modernes, que celle de l'hérédité ou de l'éligibilité à temps du pouvoir exécutif. En y regardant de près, cette différence pourrait sembler bien petite, à côté du grand bruit que *la Montagne* en fait.

Je ne blâme ni la forme anglaise, ni la forme américaine : il me suffit de savoir qu'elles sont consacrées par le respect des peuples et par la tradition. Je n'aurais pas songé, le moins du monde, à en chercher les désavantages relatifs et les mauvais côtés, si les *faux Français* du rationalisme ne les avaient pas tant exaltés aux dépens de la nôtre, et ne tendaient ouvertement, soit d'un côté, soit de l'autre, à nous les imposer.

Le principe monarchique, en France, a d'abord en sa faveur une possession de quatorze siècles, à peine interrompue. Ce principe a d'ailleurs à mes yeux le grand avantage d'engager la responsabilité morale du pouvoir à un plus haut degré que celui des républiques ou des aristocraties, gouvernements pour ainsi dire anonymes, et par cette raison beaucoup moins liés personnellement. Si enfin nous remontons, dans notre histoire, à l'origine de notre institution monarchique, nous y voyons qu'elle est fondée sur la volonté même de la nation, perpétuée de règne en règne, et manifestée, sous forme d'acclamation populaire, à chacun des sacres de nos rois, jusqu'à celui de Charles X inclusivement. C'est donc à tort et très-abusivement, comme je l'ai déjà fait remarquer plus d'une fois, que certains casuistes ont attribué à la royauté française *un droit divin, supérieur et préexistant,* que nos ancêtres n'y ont jamais vu.

Que ce droit soit admis en Prusse, comme nous l'apprend le docteur Stahl, qu'il le soit encore en Angleterre, en Russie, je le comprends chez des souverains qui réunissent en eux le spirituel et le temporel ; mais je n'en vois chez nous ni la nécessité, ni la convenance, et je trouve même que l'origine populaire du droit monarchique est plus conforme à la loi de Dieu qui n'entend pas plus gêner le libre arbitre des nations que celui des individus, dans le gouvernement des choses de la terre.

Où serait, sans cela, le mérite ou le démérite de nos actes; et comment mettre au compte de Dieu la conduite politique de certains souverains?

Notre institution monarchique était donc, en logique aussi bien qu'en morale, à l'abri d'objections qui pouvaient être élevées contre d'autres du même ordre. A quoi tient-il que le principe en ait été faussé par la Restauration elle-même, à plus forte raison par tous les gouvernements qui lui ont succédé? A qui la responsabilité de cette grande faute? A ses casuistes, aux doctrinaires du parlementarisme, à tous les survivants du philosophisme révolutionnaire.

Que sont devenus ces *faux sages* et ces ambitieux, déserteurs de nos grandes traditions? L'histoire continuera de le dire; et leur plus grand châtiment sera d'avoir tué tous les gouvernements de leur choix, dont ils s'arrogeaient la tutelle et qu'ils prétendaient soutenir.

Les doctrinaires du républicanisme ont cru trouver, dans le suffrage universel, un moyen d'asseoir à jamais leur domination; mais l'épreuve en a été plus décevante encore pour eux que celle du régime censitaire. A peine en possession du pouvoir, ils s'étaient divisés. Une moitié de la république avait dû tuer l'autre; et le suffrage universel achevait de les condamner. Que pouvait ici le rationalisme? Il avait donné la république avec le suffrage universel; et celui-ci ne voulait pas de celle-là. C'est alors que la république fut mise au-dessus du suffrage universel et déclarée *de droit divin*. — Ne vous récriez pas: les rationalistes de la république ont encore ici leur enseignement *forcé*, pour vous faire comprendre ce *mystère*, et vous donner les grâces *d'en bas*, si vous ne les avez pas *d'en haut*.

II.

La belle centralisation du corps humain semble exprimée dans notre organisation politique et sociale. L'œuvre de cette organisation s'est accomplie peu à peu par une sorte d'attraction du roi vers le peuple et du peuple vers le roi, contre une foule de dominations intermédiaires, grandes et petites, expressions du régime féodal. Il ne restait plus de ces dominations que des coutumes, ou de vieilles prétentions condamnées par les mœurs, et qui se défendaient en fuyant, lorsque la royauté crut le moment venu de fonder enfin, sur les débris de nos traditions, l'unité politique, administrative et judiciaire de la France. L'initiative de ces grandes réformes appartient au gouvernement de Louis XVI; et les projets en avaient été soumis à deux assemblées des notables, avant de l'être aux états généraux. Ce n'est pas ici le lieu de dire comment ceux-ci, usurpant tous les pouvoirs, firent violemment et dans une mesure excessive, ce que d'Argenson proposait dès l'année 1740[1], et ce que Turgot, de Calonne et de Lamoignon, voulaient réaliser sans secousse et dans des conditions beaucoup plus pratiques.

Je comprends que les thuriféraires intéressés du ci-devant tiers état aient trouvé cette vérité gênante et l'aient soigneusement tenue sous le boisseau : nous retrouvons encore ici le même parti pris de tout subordonner, *per fas et nefas,* à la défense du philosophisme révolutionnaire.

1. *Considérations sur le gouvernement de la France.*

Louis XVI avait aussi demandé l'application du principe d'égalité dans la répartition de l'impôt territorial. Le tiers état pouvait-il avoir à s'en plaindre? Non : le signal de la résistance est venu d'en haut, c'est-à-dire des classes privilégiées, du clergé, de la noblesse et des parlements. Chose étrange! on a vu ici le tiers état, le peuple lui-même abusé par les parlementaires, épouser un moment, contre la royauté, la cause des privilégiés ; puis, quand ceux-ci vaincus par la peur et reconnaissant leur faute, avaient tout accordé, le tiers état, devenu révolutionnaire à son tour, envelopper dans la même proscription le clergé, la noblesse et la royauté.

J'en appelle aux rationalistes eux-mêmes : il y a ici une *raison* des choses à dégager, c'est-à-dire une loi; et cette loi ne serait-elle que *fatale* à leurs yeux, s'ils ne la veulent pas *providentielle,* n'en resterait pas moins digne de leur attention. La vérité est que les événements qui se sont déroulés depuis près d'un siècle n'ont pas jusqu'à présent couronné leurs théories, et que le régime de *la terreur* en particulier ne paraît pas avoir avancé beaucoup les affaires de la révolution.

Ce que Louis XVI avait voulu est acquis, il est vrai, mais mal acquis; le sang du juste y a été mêlé, malheureusement. L'esprit révolutionnaire est toujours au fond de ce que nous appelons orgueilleusement *les conquêtes* de 89; et, parmi ceux qui s'en disent encore aujourd'hui les soldats, nous en voyons qui commencent à les déserter.

La centralisation, par exemple, qui a été la plus célébrée de ces conquêtes, en est aujourd'hui la plus attaquée. La Révolution et l'Empire ont fait, il est vrai, de la centralisation un instrument de dictature et d'oppression ; il y a eu ici des excès que je ne défends pas; et je ne demande pas mieux qu'on y remédie. N'est-ce pas une vérité banale qu'on peut abuser des meilleures choses et que le principe n'en reste pas moins bon? cela pouvant être dit de la centralisation, le mot qu'on lui oppose ne va donc à rien moins qu'à la destruction d'un bon principe, et devient par cela même un mot de parti, je dirais presque un mot révolutionnaire; il est assez gros du moins pour que plusieurs aient cru y voir une pensée de retour à l'ancien régime provincial. Je connais trop les partis pour en attendre de la franchise, et je ne m'étonnerais pas que nos décentralisateurs ne voulussent aller jusque-là.

Quoi qu'il en soit, la centralisation, ce chêne de 89, a paru un instant, sinon menacé dans ses racines, au moins très-sapé dans ses branches; un souffle d'aquilon s'était élevé sur elle, à la renaissance du parlementarisme; et le gouvernement lui-même, esclave de tous les vents, se vit emporter dans des espaces où le pied lui manquait. La presse, qui ne peut vivre sans aboyer, ne serait-ce qu'à la lune, avait troublé de grands sommeils; il lui fallait des os à ronger : l'Université elle-même le comprenait. C'est alors que deux commissions, recrutées pêle-mêle, un peu partout, furent convoquées avec un grand apparat, l'une pour la décentralisation administrative, et l'autre pour celle de l'enseignement supérieur. On y voyait les hommes de haute expérience ou du passé, coudoyés par ceux de l'avenir, à la plus grande gloire du temps présent; mais la situation était fausse, et ces hommes éminents s'y trouvaient mal à l'aise; ils semblaient s'être dit : Voyons, tâchons de contenter un peu tout le monde et de ne pas trop gêner le gouvernement.

Le travail de ces commissions est resté dans les cartons. La seule question qui ait pu en sortir est celle de la nomination des maires, qui avait pu sembler parfaitement résolue par la loi de 1831. M. Barrot lui-même, un des vétérans de 1830, interpellé sur cette question, répondit qu'il y pensait depuis quarante ans et qu'elle n'était pas résolue dans son esprit; sur quoi M. Prévost-Paradol objecta qu'il serait fâcheux d'avoir à y penser encore aussi longtemps. Voilà où nous en sommes depuis 89 : avouons qu'il n'y a pas de quoi nous glorifier. Le rationalisme n'a jamais paru plus acculé. Quant à la question de l'enseignement supérieur, le travail de la commission qui en était chargée n'a pu même arriver à la discussion, sur aucun point.

La France étant donnée comme elle est, sa décentralisation est aussi fausse en principe qu'impossible en fait; et rien ne fera que Paris n'en soit toujours la tête[1], à moins qu'elle ne cesse d'être la France; il n'est au pouvoir de personne de changer cela, pas plus que de retourner au droit d'aînesse et de reconstituer la grande propriété. Ce sont là des choses qu'on peut respecter dans le passé, mais qui ne se refont pas quand elles ont cessé d'exister. Que le rationalisme essaye d'en faire une doctrine, je n'en suis point surpris, car il en fait bien d'autres; mais je m'en tiens au sentiment qui nous en éloigne en France, et que je crois plus vrai, plus en rapport avec l'avenir de l'humanité, dans le mouvement si troublé qui la conduit à ses véritables fins. Mon sujet m'entraîne à dire encore quelques mots de ces ques-

1. Quand j'écrivais cela, trois mois nous séparaient encore de la *Commune*, et j'étais loin, je l'avoue, de pouvoir supposer que Paris allait encore une fois nous reporter aux temps les plus sinistres de notre histoire.

tions : je le ferai à propos d'un livre qui a eu un certain retentissement.

III.

M. Le Play, auteur d'un livre[1] qui sape, avec une grande autorité, la plupart des préjugés nés de la révolution, nous engage à sa suite dans des voyages pleins d'intérêt, mais nous égare en chemin. Ses propositions de réformes, empruntées la plupart à des usages et à des traditions qui ne sont pas les nôtres, ont le grand défaut d'être vagues et de nous jeter dans l'inconnu. Cet inconnu n'a toutefois rien d'effrayant, car il se dessine sur un fond calme; et les rêves de M. Le Play sont aussi graves qu'instructifs, en cela bien différents de ceux des socialistes : on peut en profiter beaucoup, mais sous bénéfice d'inventaire. Le plus grand danger de son livre est celui d'un encouragement donné de très-haut, par un homme sérieux, à cet amour du changement si funeste et, malheureusement, si commun chez nous. Que veut-il, et que veut-on de la France, et quand sera-t-on las de la tirailler en sens contraires, et comme à quatre chevaux, de tous les côtés à la fois?

Rien de plus élevé en théorie, de plus profond dans l'âme du peuple et de mieux consacré par le temps que le principe de notre gouvernement; rien de mieux approprié que notre organisation administrative à tous les besoins des services publics, et rien enfin de plus conforme aux principes d'égalité, de fraternité et de liberté

1. La Réforme sociale en France. 1867.

que notre constitution sociale qui semblerait empruntée à l'Évangile.

C'est à cette constitution pourtant que M. Le Play vient s'attaquer, si on doit en juger par le titre de son livre : *la Réforme sociale.* Hâtons-nous de dire qu'il explique ce mot dans le sens d'une *amélioration lente et régulière* : à la bonne heure. M. Le Play n'est pas un révolutionnaire, assurément, dans l'acception propre du mot ; mais c'est un réactionnaire, attelé par derrière aux conquêtes légitimes de 89, et dont le livre tout entier tend à les remettre en question, surtout en ce qui concerne la division actuelle ou le morcellement de la propriété, morcellement fondé sur le principe de nos lois de succession qu'il appelle injurieusement *le partage forcé.* Grande erreur et grand danger suivant moi ! c'est le morcellement de la propriété qui a sauvé la France du socialisme en 1848, et qui peut seul encore aujourd'hui l'en préserver. Il y a ici un intérêt politique et social bien plus élevé que tous ceux d'ordre économique ou de production soi-disant plus avantageuse auxquels on voudrait le sacrifier.

Pauvre France, à peine arrivée, sous Louis XVI, au moment de voir enfin couronner ses vœux[1], livrée à des révolutions sans fin, qui sont *toujours* à recommencer, et qui la ramènent *toujours* au même point, celui des principes de 89, encore en litige et très-mal entendus !

J'en appelle à M. Le Play lui-même qui a jeté un coup d'œil si profond sur la société. Quelles sont les classes les plus préservées de mauvais entraînements, les plus fidèles à l'esprit de famille, aux habitudes d'ordre et d'économie, si ce ne sont les classes agricoles et ouvrières,

1. Les vœux si sages exprimés dans les cahiers de ses bailliages.

domiciliées, propriétaires d'un coin de terre tout petit qu'il soit, d'une maison, d'un atelier? La petite propriété n'aurait-elle pas d'autres bons côtés, qu'il y aurait toujours un grand intérêt social à la favoriser, car il n'est pas de stimulant plus propre à développer et à soutenir l'amour du travail, même à un âge où il serait permis d'aspirer au repos. J'ai eu lieu de voir et d'admirer cela chez nos cultivateurs et nos ouvriers. Pense-t-on que les conditions dans lesquelles de si heureuses tendances d'esprit, qui sont la paix de l'âme, peuvent trouver un appui, ne méritent pas d'être maintenues et même honorées? Je regretterais profondément qu'un si grand intérêt fût méconnu par nos hommes d'État. Les plus fortes assises de la société sont, à mes yeux, non pas dans la grande propriété, mais dans la petite; et ma conviction est si grande à ce sujet que je conseillerais, en législation, bien plutôt ce qui peut tendre à fortifier celle-ci qu'à reconstituer celle-là. Ne semble-t-il pas naturel et bon que la terre soit possédée surtout par ceux qui peuvent la cultiver?

Je ne veux toutefois rien exagérer : certaines propriétés doivent rester plus ou moins grandes, au point de vue des conditions dans lesquelles on peut en jouir avantageusement. Je prends les faits comme ils sont, et commence par les respecter. J'admets donc aussi bien la grande propriété que la moyenne ou la petite, tout en considérant celle-ci comme la plus digne d'être encouragée.

Mais à quoi bon plaider là-dessus? C'était une cause gagnée même avant 89. Il suit, en effet, de documents certains, qu'à cette époque le tiers état était déjà propriétaire des cinq huitièmes du sol. Où doitêtre aujourd'hui cette proportion? Je n'en sais rien; mais je puis dire, en toute assurance, qu'elle n'a cessé de s'accroître en faveur du peuple, et que tous les *reconstituants* du monde n'y feront rien.

Remarquons ici que ces reconstituants qui veulent *centraliser* la propriété sont en même temps ceux qui veulent *décentraliser* le gouvernement. Le propre du rationalisme est de se tenir en état d'opposition permanente et obstinée contre les faits les plus respectables et les mieux établis; il a cela de particulier qu'il ne tient plus à ses propres doctrines, aussitôt qu'on s'y est rendu. C'est lui qui nous a *fait* 89 à sa manière, et c'est encore lui qui veut *défaire* aujourd'hui ce que 89 nous a laissé de bon. Telle est, en effet, la fatalité de son principe ; il n'a pas d'autre élément de crédit que la contradiction, la négation perpétuelle, et ne vivrait pas un quart d'heure dans les conditions d'assentiment général ou de sens commun ; il en est même venu à s'en vanter. L'école dite *critique* en est là tout entière[1]; et notez bien que cette école envahit toutes les avenues de la librairie officielle et patronnée, de la haute presse et de l'enseignement. Le peuple seul, heureusement préservé de son influence immédiate, y résiste encore ; et le rationalisme a vu avec effroi, sous la pression des faits, que le moment viendrait peut-être où, tous *les principes* étant morts ou faussés, *les intérêts* pourraient encore nous sauver. Grand péril à conjurer ! Les politiques du rationalisme y ont songé.

Nous touchons ici au secret de leur antipathie mal déguisée contre le morcellement du sol et le suffrage universel ; ils ont craint, non sans raison, que celui-ci, s'exerçant sur les bases de la petite propriété, de l'épargne du travail, ne devînt conservateur. On sait que les rationalistes de l'ancien *National* en avaient paru déjà trèsalarmés, devant le résultat des élections de 1848; et comme les survivants de ceux-ci ne peuvent retirer le suffrage universel, il n'est pas d'expédients qu'ils n'aient imaginés, tels entre autres que celui du travestissement acharné de notre histoire nationale, pour achever de faire le peuple à leur image, et consommer l'œuvre de notre asservissement.

M. Le Play n'est pas de ces hommes-là. Les réformes qu'il indique sont, au contraire, établies sur la réhabilitation historique de mœurs, d'anciennes coutumes et de traditions trop légèrement sacrifiées, suivant lui, aux préjugés de la révolution. C'est un fait remarquable et qui donne singulièrement à penser, qu'un homme, sorti de l'École polytechnique, à l'époque où les doctrines socialistes, issues du positivisme, commençaient à être en grande faveur, en soit venu, après une longue vie d'études et d'observations, recueillies avec le plus grand soin, dans tous les États de l'Europe, à se redresser, non-seulement contre ces doctrines et celles du XVIIIe siècle tout entier, mais encore à s'éprendre du passé de la vieille France et à s'incliner devant le christianisme. Encore un exemple de plus de ces retours possibles à la lumière et aux grandes vérités, chez les hommes de bonne foi et de bonne volonté qui veulent juger par eux-mêmes et se donnent la peine d'étudier, bien différents de ceux d'aujourd'hui qui se font une science de poche, au service de leurs passions! Je crains seulement, tout en rendant hommage aux sentiments de M. Le Play, que nos décentralisateurs et nos reconstituants de la grande propriété ne cherchent trop à s'en prévaloir, et je m'arrête ici sur un dernier mot.

La centralisation est fondée en France, providentiellement ou fatalement, dans des conditions telles que toute espèce de retour à un autre état de choses est impossible, et que le pays serait perdu, si l'État n'était pas à la hauteur de cette conquête et manquait au sentiment des grands devoirs qu'elle impose; et j'entends ici par l'État les pouvoirs émanés de la nation, répondant à sa confiance, et ne désertant *jamais,* sur aucun terrain, les hautes traditions qui ont fait sa force et sa grandeur.

LE PARLEMENTARISME

DANS LA RELIGION

I.

Je sais que nos parlementaires, anciens et nouveaux, ont eu, de tout temps, la prétention de contenir et même de corriger, non-seulement la royauté, mais encore la papauté. Je ne sais ni tout le bien, ni tout le mal qu'ils ont pu faire; mais le mal, à ma connaissance, est si grand, leur action dans la politique a été si désastreuse pour nous, que je suis peu porté à croire qu'elle ait été bonne dans la religion. Je ne parlerai ici que de ce que j'ai vu.

L'immixtion fatale du clergé dans la politique de la Restauration[1] a laissé contre celle-ci des impressions malheureuses et qui ne sont pas encore effacées. L'ultramontanisme étroit de cette époque a donné beaucoup de faveur au gallicanisme rogue et procédurier de M. Dupin. Ces petites résurrections de l'esprit de secte et de parti que je me suis contenté d'appeler *surannées*[2],

1. FRANC.-GAULOISES, tome I, pages 106-109.
2. *Idem,* tome II, pages 160-161.

ne mériteraient pas qu'on s'y arrêtât, si des esprits élevés n'y avaient donné leur attache ou laissé compromettre leur nom. Nous rencontrons ici, particulièrement M. de Maistre qui a cherché trop d'excuses à de grandes fautes ou à de grands abus, et qui n'a pas manqué de successeurs ou d'adhérents, dans cette direction d'esprit plus propre à diviser qu'à rapprocher : soit dit pour mémoire, attendu que cette question délicate échappe à mon cadre actuel, et que si je voulais la traiter, ce que j'évite autant que je le puis, ce ne serait pour moi ni le lieu, ni le moment. Ce n'est pas quand la capitale du monde catholique est profanée, quand la papauté est opprimée, que je voudrais chercher des torts de conduite aux hommes qui lui sont restés plus ou moins fidèles. Je n'apporte ici d'autre préoccupation que celle de montrer jusqu'au bout les tristes conséquences du rationalisme et spécialement du parlementarisme, aussi bien dans la religion que dans la politique.

M. Dupin, le légiste, inventeur du *Quoique*[1], de la *Présidence réelle*[2] et d'autres commentaires plus ou moins subtils, à l'appui de ce qu'il appelait l'*Établissement de 1830,* a fait déclarer que la religion catholique était, non plus celle *de l'État,* mais celle *de la majorité des Français*[3]. J'ai regretté, je l'avoue, l'abandon de ce principe, abandon motivé sur l'abus qui en avait été fait sous le

1. Dans la théorie de M. Dupin, Louis-Philippe était porté au trône *quoique* Bourbon, par opposition aux tenants du *parce que.*

2. Il entendait ici substituer au *roi* un *président* du conseil des ministres, c'est-à-dire au *pouvoir royal* un *pouvoir ministériel,* sans nom dans la charte.

3. Comme rapporteur des modifications introduites dans la charte de 1814.

gouvernement de la Restauration. Le règne de Louis-Philippe a inauguré des tendances contraires avec une modération qui les a fait accepter; mais les circonstances qui ont amené ce règne et les circonstances dans lesquelles il a eu à se défendre ont affaibli et altéré de plus en plus nos institutions nationales à leur source, et préparé le coup de main de 1848 et tout ce qui s'en est suivi. C'est ainsi qu'en France on trouve plus commode et plus expédient de supprimer les choses dont on peut abuser, même les meilleures en principe, que de s'assujettir à en bien user.

Le principe de la tolérance religieuse est heureusement acquis en France, et si bien acquis, que la religion *de la majorité des Français* a le privilége d'être la moins respectée et même la plus insultée, très-impunément. Louis XVI était entré dans les voies de cette tolérance dès le commencement de son règne; il avait enfin, non sans avoir eu à lutter beaucoup, contre la résistance des notables et du parlement, rendu l'état civil aux protestants, par son édit du 19 janvier 1788. La charte de 1814 avait posé largement le principe de la liberté des cultes; elle accordait des traitements, sur le trésor public, aux ministres des différentes communions chrétiennes; et la charte de 1830 y avait ajouté ceux du culte israélite. Heureux apaisement, devant l'État, des passions qu'il ne doit pas connaître, et que le catholicisme surtout doit dominer! Mais n'était-ce pas assez faire; et la France, qui accordait tout, devait-elle, pour le bon plaisir de M. Dupin, laisser tomber sa couronne séculaire de fille aînée de l'Église? Il est vrai que l'exécution s'est faite entre deux portes et dans un moment de presse assez grande pour que la nouvelle charte ait pu être dite *bâclée,* sans que personne s'en offensât. N'est-ce pas encore M. Dupin qui aurait dit que la loi devait être *athée?* Ce serait un peu fort pour lui, car il se vantait d'être un *bon gallican.* J'aime à croire qu'il a voulu dire seulement que la loi devait être *laïque;* et encore, se serait-il ainsi placé, même au-dessous des païens qui cherchaient à la loi des origines religieuses.

Pie IX, aussi *tolérant* que possible dans l'ordre temporel, et dont la grande âme était ouverte, comme celle de Louis XVI, à toutes les réformes désirables et praticables, a voulu lui-même installer à Rome le gouvernement représentatif (Constitution du 14 mars 1848); mais il y rencontra bientôt les parlementaires italiens du stylet. Son premier ministre, Rossi, fut égorgé sur l'escalier même de la chambre des députés, le 15 novembre de la même année, et Pie IX obligé de quitter Rome.

Je n'ai point à juger ici ni cette révolution, ni la guerre d'Italie, ni les événements qui en ont été la suite, événements qui ont d'abord amené l'unité italienne, affaibli l'Autriche, et préparé l'unité allemande au profit de la Prusse, ni, enfin, la convention de septembre aujourd'hui déchirée. Les temps historiques viendront sur les hauts faits du parlementarisme italien. Ce que j'avais surtout en vue, en commençant ce chapitre, c'est la question de l'infaillibilité, dans ses rapports avec l'autorité du souverain pontife, et des tempêtes qu'elle vient de soulever: j'y arrive enfin.

II.

Tantæne animis cœlestibus iræ! Tout homme est homme, et les plus grands sont souvent les plus entraînés; je ne m'en suis jamais tant aperçu que depuis l'ouverture du concile.

J'en étais resté, de confiance, à Bossuet, ne pouvant faire mieux. La déclaration de 1682, rédigée, dit-on, par lui, me paraissait, il est vrai, très-embarrassée sur le point capital de l'infaillibilité, *la défense* de cette déclaration, laborieuse et mêlée de contradictions; mais les circonstances étaient difficiles; et la situation étant donnée, j'inclinais à croire que Bossuet l'avait laissée à son véritable point. La critique de M. de Maistre[1] m'avait vivement frappé, mais ne m'avait pas dissuadé; je souhaitais, je l'avoue humblement, que la question ne fût pas *remuée*, quoique toujours *pendante*; mais je m'aperçus bientôt qu'elle fermentait dans les esprits beaucoup plus ardemment que je n'aurais pu le supposer. Je commençai dès lors à m'interroger sérieusement, bien décidé d'ailleurs à m'en tenir à la décision du concile, quelle qu'elle fût; mais il ne dépendait pas de moi de ne pas chercher à me faire une opinion, au risque d'avoir à m'en défaire.

Plusieurs points principaux étaient hors de toute contestation : que l'Église est une, infaillible; que le pape est son chef suprême, comme successeur de saint Pierre, prince des apôtres, auquel il a été dit : *Tu es Pierre, et sur cette pierre je bâtirai mon Église*; qu'il n'y a point de conciles sans le pape, qu'à lui seul appartient le droit de les convoquer, de les présider, de les dissoudre, de sanctionner et de promulguer leurs décisions, c'est-à-dire en deux mots traditionnels : *Unus pastor, unum ovile, — Ubi Petrus, ibi Ecclesia.*

1. *De l'Église gallicane dans ses rapports avec le souverain pontife, pour faire suite à l'ouvrage intitulé : Du Pape.*

La seule question en litige était celle des conditions pratiques de l'infaillibilité de l'Église, de la manière de l'entendre, et des formes sous lesquelles elle pouvait se manifester.

En fait, il m'avait toujours paru que le pape était la seule et véritable personnification de cette infaillibilité, et que dès lors il y participait lui-même, en tant que parlant au nom de l'Église, et suivant le mot consacré, *ex cathedra*. La déclaration de 1682 continuait toutefois de m'embarrasser, comme impliquant *la réformabilité* possible des décisions du saint-siége; et le point d'appui qu'on y cherchait contre celui-ci m'inquiétait. Je voyais là une brèche, une menace permanente contre l'unité de l'Église, une porte ouverte à la confusion des langues; et l'ardeur avec laquelle certains catholiques, soi-disant *libéraux*, s'y ruaient déjà de tous les coins du journalisme, du parlementarisme, et même du césarisme[1], avait achevé de m'éclairer.

Je m'attends ici à l'objection du gallicanisme, celle d'une innovation qu'il plairait au pape d'introduire dans les traditions de l'Église, en matière de dogme, ou d'une fausse interprétation de ces mêmes traditions. Le premier cas serait si contraire à toute sagesse et aux précédents de la papauté, que je ne le suppose pas possible; et quant au second, je ne puis admettre non plus que le pape soit jamais tenté de déroger aux traditions de l'Église, en ce qui touche aux dogmes reçus et anciennement définis. On a beaucoup argué du cas d'Honorius; mais il a été surabondamment prouvé que l'erreur de ce pape n'avait pas été imposée à l'Église et qu'elle

1. Il est notoire que les dissidents du concile avaient fait appel à l'intervention comminatoire du pouvoir séculier.

n'avait eu aucun des caractères d'une décision prononcée *ex cathedra*. L'objection qu'on a voulu tirer de ce cas, et d'autres analogues qui ont été jugés de la même manière, n'est que spécieuse. Au point où en est l'Église, elle n'a plus à être mise en question, et le danger ne peut venir de Rome. L'Église est faite; et, d'après ce qui vient de se passer sous nos yeux, je ne vois qu'une chose qui pourrait la défaire, ce serait d'y introduire *le cheval de Troie* du parlementarisme.

J'en appelle à tous les hommes impartiaux qui ont lu les écrits extra-conciliaires de nos seigneurs les évêques et des auxiliaires qu'ils ont trouvés dans le clergé, sans parler de la presse militante à leur suite et patronnée par eux; comment supposer que la religion, livrée à de tels déchirements, puisse elle-même y résister longtemps? Cette polémique, engagée à outrance contre l'infaillibilité du pape, n'allait-elle pas jusqu'à saper celle de l'Église; et qui n'aurait craint que la périodicité des conciles, demandée par quelques-uns, n'aboutît aux mêmes résultats que celle de nos assemblées parlementaires, c'est-à-dire à des conflits interminables et à la ruine de la foi?

Ce grand éclat se comprenait d'autant moins que les opposants se disaient non pas tant contraires, en principe, à l'infaillibilité qu'à l'opportunité de sa déclaration. Nous ne nommerons personne; et c'est tout ce que le respect peut nous commander; mais il est tout d'abord évident que cette manière d'abriter la question n'était pas sincère, et nous le constatons à regret. Pourquoi faut-il que *les princes des prêtres* aient pactisé ici avec *les scribes et pharisiens* du parlementarisme, et ressuscité, pour ainsi dire, au milieu de nous, ceux que Jésus-Christ trouvait déjà sur son chemin? *L'inopportunité!*

Mais c'est un des plus mauvais moyens de la tactique à l'usage des coalitions que nous avons vues à l'œuvre ; et l'entraînement du clergé vers de tels moyens ne peut s'expliquer ici que par certaines relations de bon voisinage et par des habitudes d'admiration, mal dissimulées, pour le régime au sein duquel ils ont pu s'acclimater.

Qu'est-il arrivé ? C'est qu'un mot vrai, pour ne pas dire un cri, s'est élevé tout à coup du fond des âmes avec l'autorité d'une protestation presque unanime : *Quod inopportunum dixerunt, necessarium fecerunt.* Il était temps, en effet, de mettre un terme à l'anarchie qui menaçait l'Église ; et c'est ce que les Pères du concile ont compris. Coïncidence remarquable, et qui semble donner à leur décision le caractère d'un fait providentiel, c'est qu'elle a été rendue quelques jours à peine avant une déclaration de guerre qui devait nous être si fatale, et lorsque notre drapeau, qui protégeait à Rome la liberté du concile, allait en être chassé par les bandes italiennes.

Où en est Victor-Emmanuel, esclave de ces bandes qui l'auront traîné dans Rome, au mépris des droits de la catholicité tout entière, et cloué au poteau de sa dernière usurpation, la plus criminelle de toutes ? A quelle impulsion peuvent avoir obéi nos hommes d'État qui, après avoir officiellement déclaré leur volonté de ne s'immiscer en rien dans les questions de dogme et de foi soumises au concile, ont fini cependant par tenir un autre langage évidemment comminatoire ? Ne le demandons pas trop, car il n'en est peut-être pas un qui n'ait subi à regret la fatalité de sa situation.

Pie IX seul, envahi, dépouillé, captif, est resté grand devant ces triomphes de la force ; il a fait son œuvre au temps voulu par Dieu. Attendons maintenant que le règne du mal ait eu son temps, pour lui comme pour nous, car il semble écrit dans les événements que sa cause et la nôtre étaient indivisibles, et que notre crime est d'y avoir attenté.

MORALITÉS PRATIQUES

Les faits, qui sont la pierre de touche des doctrines, ont assez parlé, je crois, pour qu'on puisse en tirer des leçons. Quelques penseurs isolés, libres de tout engagement, pourront le faire; les hommes de parti, non. Les événements punissent, mais ne corrigent pas. La correction efficace ne peut être qu'en nous et venir de nous; mais elle ne viendra pas pour les hommes de la génération actuelle : nos préjugés s'y opposent d'autant plus invinciblement que notre vanité en est devenue complice. On nous a fait de la liberté un mirage tellement mobile et fuyant qu'elle semble ne nous manquer jamais plus que lorsque nous en avons trop. La licence elle-même ne nous paraît pas suffisante ; et c'est à peine si nous croyons avoir épuisé l'exercice de nos droits, quand nous avons tout renversé autour de nous, pareils aux enfants qui demanderaient la lune et ne savent user de leurs jouets qu'en les brisant.

Je disais tout à l'heure que *l'Église était faite* ; on pourrait le dire également de la France, si elle avait voulu l'être ; elle n'aurait pas mieux demandé, je crois ; les occasions ne lui ont pas manqué depuis et y compris 89 ;

mais les scribes et pharisiens du parlementarisme ne l'ont pas voulu et ne le voudront jamais. De quoi vivraient-ils, en effets, si le pays pouvait se croire, un seul instant, gouverné dans des conditions supportables ; et la France n'est-elle pas faite pour eux ? Ne pourrait-on pas dire aussi, d'un autre côté, que la France a besoin qu'on l'amuse et qu'on la surprenne ? Elle accourt au premier coup de caisse, à toutes les annonces de déballage; et ceux qui l'exploitent n'ont pas à se plaindre ; ils le savent bien.

Ce que je dis de la France doit s'entendre surtout de Paris qui lui donne le ton. Paris a toujours été, en effet, le rendez-vous de cette gentilhommerie des supériorités dites *intellectuelles,* espèce de nouvelle féodalité qui finirait, si on n'y prend garde, par être plus oppressive et plus dangereuse que l'ancienne, attendu qu'elle s'en prend aux âmes et que l'autre n'atteignait que les corps. M. Émile de Girardin n'admet pas qu'il y ait là un danger: mais ce danger n'est malheureusement que trop réel. Carra, parlant des journalistes de son temps, qu'il pouvait juger en connaisseur, étant journaliste lui-même, les appelait *les rois de la quatrième race;* et M. de Villèle, également frappé de la puissance de la presse, la comparait à une *chambre extérieure;* il aurait pu dire, encore mieux, qu'elle était plus forte que le gouvernement tout entier. L'unique raison de sa force est *qu'elle fait l'opinion:* et quelle opinion ? L'opinion du jour qui n'est déjà plus celle de la veille, et qui ne sera pas celle du lendemain. Chose étrange ! Personne n'y croit sérieusement, et tout le monde en subit la loi ! La plus grosse maladie de la France est là, d'autant plus difficile à guérir, qu'elle s'y complaît.

La politique pratique cherche le mieux dans le possible; elle est tenue de se subordonner aux circonstances et à l'état des esprits. Que peut-elle aujourd'hui? *Les idées* sont faussées, perverties, et les *principes* sont morts. Il n'y a de salut pour nous que dans nos *sentiments* qui se défendent mieux, et dans *les intérêts* qui nous tiennent lieu de principes. Il est encore permis de compter sur le vrai peuple; et j'entends sous ce nom celui qui, dans les habitudes du travail et de la famille, a pu être préservé de la corruption des villes et du mauvais esprit de notre temps. C'est lui, ne l'oublions pas, qui nous a sauvés des socialistes de 1848, infiniment plus que les docteurs effarés de la rue de Poitiers. Le suffrage universel avait, dans la petite propriété, un heureux correctif, et ceux qui nous l'ont donné n'ont pu faire, au moins jusqu'à présent, que les résultats généraux n'en aient été conservateurs et honnêtes.

Espérons pourtant, si j'ose le dire, après tant de leçons perdues, que l'expérience et le temps mûriront notre esprit public, et que l'université, plus fidèle à sa mission, cessera de le fausser par un enseignement contraire au respect de notre histoire nationale et de nos grandes traditions; que le gouvernement aura la force de réprimer tous les désordres publics, et ne sera pas moins attentif à encourager le bien qu'à décourager le mal. A ces conditions, les écrivains pourront être amenés eux-mêmes à trouver *leur intérêt* dans une direction meilleure et surtout plus morale, imprimée à leurs écrits dont le mérite littéraire n'est pas en cause; et j'aime à croire qu'ils n'y auraient ni moins de satisfaction, ni moins de profit.

J'entends dire que le gouvernement gouverne trop; je trouve au contraire qu'il en est venu chez nous à ne plus oser le faire, à s'en excuser et même à s'en cacher.

Le seul moyen pour lui d'être fort et accepté, c'est de commencer par être moral, et de jouer hardiment, cartes sur table, avec *les Grecs* de la politique et les forbans de l'écritoire, au lieu de les mettre au soleil ou de les acheter. La chose mérite au moins d'être tentée, puisque le contraire a si mal réussi jusqu'à présent.

Décembre 1870.

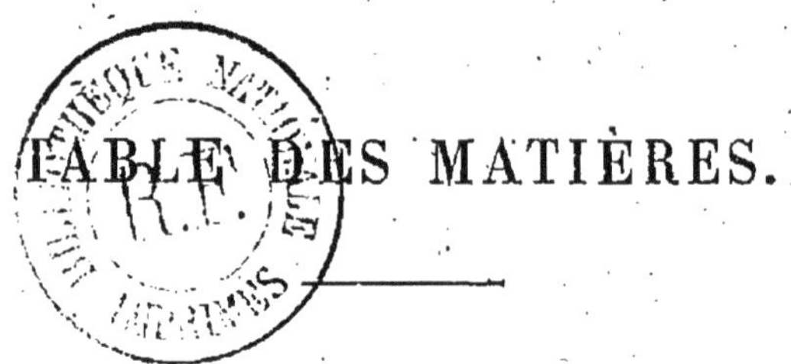

TABLE DES MATIÈRES.

PARIS. — J. CLAYE, IMPRIMEUR, 7, RUE SAINT-BENOIT. — [1109]

www.ingramcontent.com/pod-product-compliance
Ingram Content Group UK Ltd.
Pitfield, Milton Keynes, MK11 3LW, UK
UKHW020315250726
13967UKWH00004B/1737